A invenção do "ser negro"
(um percurso das idéias que naturalizaram a inferioridade dos negros)

Gislene Aparecida dos Santos

A invenção do "ser negro"
(um percurso das idéias que naturalizaram a inferioridade dos negros)

São Paulo / Rio de Janeiro
2002

Copyright © 2002, by:
Gislene Aparecida dos Santos

Pallas Editora – RJ

Editora:
Cristina F. Warth

Coordenação Editorial:
Heloisa Brown

Capa:
Renato Martins

EDUC – Editora da PUC-SP

Direção:
Maria Eliza Mazzilli Pereira

Produção Editorial:
Magali Oliveira Fernandes

Preparação e Revisão:
Paulo Sérgio de Carvalho

Editoração Eletrônica:
Artsoft Informática

FICHA CATALOGRÁFICA ELABORADA PELA BIBLIOTECA REITORA NADIR GOUVÊA KFOURI

Santos, Gislene Aparecida dos
 A invenção do "ser negro": um percurso das idéias que naturalizaram a inferioridade dos negros : Gislene Aparecida dos Santos. - São Paulo : Educ/Fapesp ; Rio de Janeiro : Pallas, 2002.
 176 p. ; 23 cm
 Bibliografia

 ISBN 85.283.0239-3 (Educ)
 ISBN 85.347.0308-6 (Pallas)

 1. Negros - Condições sociais - Brasil. 2. Discriminação racial - Brasil. 3. Negros - Psicologia étnica. I. Título.

CDD 305.896081

---

educ
Rua Ministro Godói, 1213
05015-001 - São Paulo - SP
Tel.: (0xx11) 3873-3359
Fax: (0xx11) 3873-6133
E-mail: educ@pucsp.br

Pallas Editora e Distribuidora Ltda.
Rua Frederico de Albuquerque, 44 e 56
Higienópolis – 21050-840 – Rio de Janeiro – RJ
Tel.: (0xx21) 2270-0186 /2590-6996
E-mail: pallas@alternex.com.br
Home Page: www.pallaseditora.com.br

Ao Kim
Eu também tenho um sonho...

AGRADECIMENTOS

É difícil enumerar e agradecer a todos aqueles que, de alguma forma, colaboraram para que este trabalho fosse concluído. Sou grata à Coordenadoria de Apoio à Pesquisa do Pessoal de Nível Superior – Capes, à Fundação de Amparo à Pesquisa do Estado de São Paulo – Fapesp e ao Centro de Estudos Afro-Asiáticos – CEAA que, através de bolsas, possibilitaram que eu me dedicasse durante alguns anos à pesquisa. Sou especialmente grata à professora Marilena Chaui pelas sugestões anotadas no exemplar da dissertação de mestrado e que foram tão importantes no momento de reformular este texto, fazendo com que eu tivesse muito no que pensar. Também agradeço à professora Silvia Lara que me ofereceu inúmeras possibilidades de recortes para o trabalho. Sobre Bento Prado Júnior só posso dizer que sua gentileza e generosidade não caberiam em palavras. Agradeço e expresso meu carinho por todos aqueles que fizeram com que eu encontrasse coragem para mostrar este escrito, retirando-o da sombra.

PREFÁCIO

As grandes descobertas do século XV colocaram em dúvida a origem comum da humanidade, provocando grande debate sobre a natureza dos povos recém-descobertos, isto é, ameríndios e diversos grupos de negros africanos. Buscava-se saber se realmente eram seres humanos iguais aos europeus. Esses debates se desenrolavam principalmente na Península Ibérica, sob a ótica teológica. Os que defendiam a tese de que ameríndios e negros eram bestas, e não seres humanos, construíram argumentos para justificar e legitimar a prática da violência decorrente do processo de colonização e escravização. Os que sustentavam a tese de que eles eram seres humanos tiveram também de encontrar fundamentos que lhes permitissem vincular índios e negros aos demais descendentes de Adão. Contudo, em quaisquer dessas hipóteses, a celebração do reconhecimento da dignidade humana dos povos descobertos ficava condicionada à sua conversão ao cristianismo.

Tanto uma quanto outra das possibilidades apontadas acima estavam circunscritas às Sagradas Escrituras e ao pensamento teológico-político, *modus pensanti* que perdurou até o final do século XVII, quando essas teorias foram questionadas pelos filósofos iluministas. Mesmo não sendo os primeiros a elaborar tal contestação (sabemos que, ainda no século XVII, Espinosa construiu um sistema filosófico cujo objetivo era demonstrar e desmontar a superstição e o preconceito que ganhavam vestes de razão e filosofia graças ao pensamento teológico-político), os iluministas colocaram em causa, de maneira mais universal, os poderes ilimitados dos príncipes e da Igreja em nome da liberdade do pensamento, inauguraram uma nova era da racionalidade e rejeitaram a explicação cíclica do mundo que a perspectiva teológica-política até então estabelecia. Basta dominar a razão, que é universal e da qual todos os homens compartilham, pensavam eles, para compreender sem obstáculo todas as coisas e todos os povos (novos, velhos e por conhecer). Revezavam-se na tribuna dessa época nomes famosos, entre os quais Buffon, Voltaire, Diderot e Kant. Todos combatiam a concepção de uma história cíclica da humanidade contida em favor de uma história cumulativa da qual o próprio homem era o artesão já que, com sua razão, seria capaz de transformar e aperfeiçoar toda e qualquer natureza.

Munidos dessa justificativa da "racionalidade universal" construída a partir dos filósofos ilustrados, diversos teóricos se lançaram na exploração dita científica dos povos não-europeus, incluídos entre eles os africanos de pele escura. Apesar de serem divididos teoricamente em monogenistas e poligenistas, poderiam ser unificados na construção de um discurso que decretou a superioridade da chamada raça branca em relação às raças negra e amarela. A chave de seus argumentos encontra-se na utilização do conceito de raça, transportado da zoologia e da botânica para a nascente ciência do homem, o que lhes permitiu classificar a humanidade em três grandes raças hierarquizadas dentro de uma escala de valores, na qual a sua própria raça ocuparia uma posição superior. Buffon, por exemplo, ilustrado monogenista, defensor de uma origem comum para a humanidade, explicava a inferioridade dos negros africanos utilizando-se da teoria do clima. Segundo ele, vivendo entre os trópicos, num clima inóspito com temperatura excessivamente quente, os negros não encontraram condições ideais para o desenvolvimento corporal, moral, intelectual e estético tal como o fizeram os povos europeus, situados num clima temperado. Desta forma, os negros (e seus descendentes mestiços) seriam anormais e degenerados. Voltaire, ao contrário, era um poligenista e, portanto, defensor da diversidade das origens dos homens. Por isso, alegava que a inferioridade do negro decorria de sua espécie originária, já que havia uma estrutura interna peculiar a cada raça. Sua crença em origens diferentes e em espécies fixas o conduziu a considerar a mestiçagem como uma anomalia lamentável e acidental, sendo os mestiços frutos de uma relação sexual contra a natureza.

Não podemos ignorar que todos esses argumentos e discursos foram considerados científicos em sua época (hoje são tidos como pseudocientíficos). Envoltos pela atmosfera da racionalidade e da ciência alicerçada na biologia, engendrou-se uma ciência das raças, a raciologia que tinha como objetivo explicar a diversidade humana. Entretanto, impregnada por argumentos que se pretendiam neutros e empíricos, mas eram falaciosos (para não dizer ideológicos), desembocou em uma absurda hierarquização da humanidade em raças desiguais. O determinismo biológico que pavimentou o caminho do racialismo ou racismo científico que até hoje pesa negativamente no futuro coletivo dos povos não-europeus, principalmente negros e índios e seus descendentes mestiços, teve aí seus primeiros passos.

A invenção do ser negro. Um percurso das idéias que naturalizaram a inferioridade do negro, da Dra. Gislene Aparecida dos Santos, leva-nos a uma espécie de viagem às origens das idéias daqueles que inventaram a teoria legitimadora e justificadora de uma humanidade dividida em raças desiguais. O livro demonstra, a partir de uma análise profunda e detalhada, como essas concepções, em sua época consideradas progressistas em comparação às explicações religiosas e teológicas anteriores a elas, não deixaram por isso de possuir lacunas e contradições contribuindo para a construção de teorias que, muitas vezes, fugiam do escopo pensado pelos filósofos do século XVIII. Uma dessas conseqüências é perceptível na invenção da idéia do negro como um coletivo humano inferior. Teoria e destino que até hoje pesam sobre a população negra no mundo e no Brasil. Estas páginas apresentam também quanto e como essas filosofias, desenvolvidas na Europa moderna e que remontam ao século das Luzes, foram determinantes para o pensamento dos intelectuais brasileiros dos séculos XIX e XX que, ao se apropriarem dos argumentos desenvolvidos em solo europeu e aplicando-os em um país composto majoritariamente por negros e mestiços, findaram por elaborar uma "nova" vertente do racismo, que pode ser designada como "racismo à moda brasileira", caracterizado fundamentalmente pela ambigüidade. Enfim, as idéias trazidas pela obra da Dra. Gislene se contrapõem ao pensamento daqueles que acreditam que o racismo é um fenômeno universal, pois inerente à natureza humana e que, *ipso facto*, naturalizam a inferioridade do ser "negro" e a superioridade do ser "branco". Mais do que isso, o livro nos ajuda a compreender, a partir da análise crítica do discurso dos filósofos iluministas, que o racismo é uma ideologia essencialista que postula a divisão dos descendentes do *Homo sapiens* em grandes raças desiguais com características físicas hereditárias comuns. Esses traços hereditários seriam determinantes das características psicológicas, morais, intelectuais e estéticas de cada raça. Desta forma, é uma excelente introdução ao estudo de algo que atormenta a vida de milhões de seres humanos, um fenômeno que apesar de ter sido abolido formalmente na última década do segundo milênio em todas as sociedades contemporâneas, ainda atua eficazmente no tecido de nossas sociedades. Precisamos entender melhor como o racismo opera, desvendando suas raízes intelectuais e demonstrando ponto por ponto a sua dinâmica e metamorfose contemporânea a fim de desenvolver novas estratégias para combatê-lo. Aqui está a mensagem contundente da obra *A invenção do "ser negro"*, de Gislene Aparecida dos Santos.

Kabengele Munanga
Universidade de São Paulo

SUMÁRIO

INTRODUÇÃO / 15

PARTE I – INVESTIGAÇÕES SOBRE A NATUREZA E A ESPÉCIE HUMANA / 19

    As contradições do Iluminismo / 21

        A ciência / 21

        A espécie / 25

        A sociabilidade / 34

    A ciência das raças e a raça negra / 45

        O racialismo / 45

        Variações na idéia de raça / 48

        O que é o negro? / 53

        A estética branca / 58

PARTE II – INVENTANDO O NEGRO BRASILEIRO / 63

    A emancipação dos escravos *versus* a inferioridade dos negros / 65

        José Bonifácio: a emancipação / 65

        Louis Couty: a imigração / 81

        O desejo do branqueamento / 101

        Joaquim Nabuco: a abolição / 105

O racismo e a raça brasileira / **119**

...e os negros foram abolidos / **119**

A República e seus cidadãos / **127**

Nina Rodrigues: a evolução / **132**

A raça brasileira: Gilberto Freyre e o lusotropicalismo / **149**

CONSIDERAÇÕES FINAIS / **163**

BIBLIOGRAFIA / **169**

INTRODUÇÃO

Aparentemente, todas as sociedades conheceram a escravidão como forma de exploração. Tida como prática cotidiana, ela nunca foi questionada de forma tão complexa como na época das Luzes. Com base nisso, apresento algumas questões, ao longo deste trabalho, buscando encontrar as condições criadas naquele período que favoreceram esse questionamento.

A soma de vários fatores favoreceu, por um lado, o entendimento da escravidão como uma instituição indigna, retrógrada, aviltante, o que levou à rejeição desta forma de trabalho até sua total extinção na Europa e na América. Mas, por outro lado, os mesmos conceitos que ofereceram a base de apoio para a condenação da escravidão abriram caminho para o surgimento de teorias que hierarquizavam os homens de acordo com sua "raça" e cultura.

Em alguns momentos temos a conjunção das noções de riqueza, progresso e felicidade, lei natural e direito natural; em outros, o novo conceito de homem e suas determinações causais/biológicas que entram em conflito com a idéia de progresso; e, por último, a noção de utilidade, tomada como uma justificativa para a servidão ou para as desigualdades sociais. Todos estes aspectos, que ocupavam as mentes do século XVIII, estabeleciam, se não um paradoxo, ao menos uma dualidade: como conciliar a idéia de lei natural, direito natural, progresso, riqueza e felicidade rompendo com o sistema produtivo vigente, adequando o escravo ou ex-escravo à nova ordem social de acordo com as normas de igualdade e sem prejuízo da economia? E como encarar os ex-escravos como verdadeiramente iguais se há uma nova ciência que hierarquiza homens segundo critérios biológicos que determinam que eles (os negros utilizados como mão-de-obra escrava) são menos capazes e inferiores aos europeus?

Investigo as influências que as teorias desenvolvidas a partir das pesquisas nas áreas da biologia e da antropologia, durante o século XVIII, exerceram sobre o estabelecimento das teorias raciais do século seguinte, quando quase ninguém mais duvida do absurdo do sistema escravista mas, também, quando se considera como uma verdade absoluta a superioridade da raça branca e, conseqüentemente, a inferioridade das demais.

Neste trabalho, obviamente, não houve a pretensão de esgotar o tema. O objetivo foi apenas oferecer um ponto de partida para a compreensão das reflexões dos pensadores brasileiros nos períodos imediatamente anterior e posterior à Abolição e demonstrar como o tratamento dado à questão do escravo e do negro liberto, no Brasil, estava totalmente vinculado aos conceitos elaborados pelos pensadores europeus e como isso contribuiu para que se formasse uma determinada imagem do negro, representado pela filosofia natural, ética e política como um ser diferente e inferior.

Dessa forma, o livro pretende apresentar como o "ser negro" foi produzido no campo das idéias a partir das necessidades políticas que fizeram com que os conceitos elaborados em diferentes áreas do conhecimento justificassem e reinventassem, a cada momento, o lugar do negro na sociedade.

Para essa produção, ora houve uma sobreposição ora uma conjunção das teses sobre as diferenças raciais elaboradas pela biologia; utilizaram-se teorias sobre a transformação da cor dos indivíduos em uma face visível de suas essências (argumentos da fisiologia); considerou-se que cada raça obedece a uma hierarquia temporal ou é um motor da história (argumentos da antropologia histórica); através da frenologia foi feita a "constatação" de que a raça e o tamanho dos crânios e cérebros determinavam o caráter do indivíduo e, a partir daí, foi criado um código legal, uma jurisprudência que levasse em consideração a raça de cada um;

não foram esquecidas as idéias de que a cor é um valor e um símbolo próprio e nem a idéia segundo a qual haveria uma sexualidade definida pela raça.

Sendo assim, essas ideologias inventaram o "ser do negro" fazendo com que se considerasse impossível pensá-lo fora das teias de idéias tecidas ao redor de sua natural inferioridade ou de seu exotismo. Por isso, essa invenção, totalmente datada, apresenta-se como ontologia de um ser que sempre, sem começo nem fim, foi inferior, foi sombra e negatividade.

PARTE I
INVESTIGAÇÕES SOBRE A NATUREZA E A ESPÉCIE HUMANA

AS CONTRADIÇÕES DO ILUMINISMO

O período da Ilustração nos aparece como um enigma. Ao mesmo tempo em que defende a tolerância e os direitos dos homens, oferece elementos para a construção de um conceito de homem restrito aos parâmetros europeus e intolerante quanto às diferenças entre este e os outros povos. Sob o olhar do "nós", os europeus miram os "outros" (os não-europeus) com desprezo, enquanto tentam defender o que compreendem por direitos universais. Reconhecem a diferença, a existência de homens diferentes e abominam a injustiça que possa ser praticada contra eles. Mas não deixam de ser, apesar disso, espelhos do modelo racional criado por eles.

A tolerância será almejada pelos ilustres enciclopedistas como o maior bem que a humanidade poderia ter. Conseqüentemente, a razão – meio de praticar a tolerância – será louvada acima de todas as coisas, será a virtude por excelência.

Foi sobretudo em nome da razão que se forjou um novo conceito de homem nesse período.

A ciência

Em vez de se fechar nos limites de um edifício doutrinal definitivo, em vez de restringir-se à tarefa de deduzir verdades da cadeia de axiomas fixados de uma vez por todas, a filosofia deve tomar livremente o seu impulso e assumir em seu movimento imanente a forma fundamental da realidade, forma de toda a existência, tanto natural quanto espiritual. A filosofia já não significa, à maneira dessas novas perspectivas fundamentais, um domínio particular do conhecimento situado a par ou acima das verdades da física, das ciências jurídicas e políticas etc., mas o meio universal onde todas essas verdades formam-se, desenvolvem-se e consolidam-se. (...) Assim é que todos os conceitos e os problemas, que o século XVIII parece ter muito simplesmente herdado do passado, deslocaram-se e sofreram uma mudança característica de significação. Passaram da condição de objetos prontos e acabados para a de forças atuantes, da condição de resultados para a de imperativos. Tal é o sentido verdadeiramente fecundo do pensamento iluminista. (Cassirer, 1992, pp. 10-11)

Neste texto de abertura d'*A Filosofia do Iluminismo*, Cassirer demonstra a vocação e as dimensões da Ilustração em sua tentativa de realizar a verdadeira filosofia. Ou seja, liberar o pensamento e o homem para que busquem e produzam conhecimento. Para tanto, a valorização da razão foi fundamental. Ele considera que a razão assume, no século XVIII, o papel de uma força motriz do progresso espiritual.

Para que este progresso ocorresse, seria preciso abandonar a velha forma dedutiva e sistemática do século anterior e pesquisar uma outra, que valorizasse os fenômenos, a observação e também as relações de idéias e questões de fato. Esta nova forma foi encontrada no trabalho analítico que inspirara vários pensadores do século XVII, entre eles Newton. A nova razão apresentou-se em conexão imanente com os fenômenos, proclamou e realizou uma aliança entre o espírito positivo dos cientistas e o racional.

Com base nas experiências anteriores, os filósofos das Luzes buscaram uma regra universal que abarcasse os múltiplos fenômenos naturais. Newton, com sua lei de Atração Universal foi quem, primeiramente, serviu-lhes de modelo. Para eles, não se devia procurar conhecer os segredos da natureza, os quais permaneceriam envoltos em mistérios, mas descobrir a ordem e a legalidade empírica da natureza. Isto expressaria a força da razão.

Cassirer estabelece um interessante paralelo entre as concepções de razão durante o século XVII e o XVIII.

No século XVII, a razão é a região das verdades eternas, verdades comuns ao espírito humano e ao divino. Deste modo, o que conhecemos, conhecemos imediatamente em Deus e por isso participamos da natureza divina.

Já no século XVIII, a razão ganha um sentido mais modesto. Deixa de ser uma *possessão* (idéias inatas) para se tornar uma *aquisição*. Passa a ser, também, a força espiritual que nos conduz ao descobrimento da verdade, a sua determinação e garantia. Isso visa a elucidar o novo caráter energético que a razão apresenta. De fato, ela é agora uma *força* que deve manter-se ativa através do exercício de sua função.

O método analítico, o experimentalismo, a necessidade da decomposição das partes de um todo para que sua compreensão seja possível, faz com que, por trás de cada elemento da natureza, haja uma ciência que o avalie e o estude. Desta maneira, sob as *Luzes*, a energia racional tentará desvendar alguns pontos do universo, sempre seguindo sua "vocação" e o paradigma científico universal.

Por isso, para os iluministas, céticos em relação ao conhecimento da essência das coisas, o saber será identificado com a mais perfeita e exata descrição da atividade dos seres da natureza e, portanto, da própria natureza.

Decorre dessa mudança de método (que parte da descrição e não da explicação, da análise e da experiência) uma modificação ontológica radical.

Em primeiro lugar, não se poderá pensar que o ser engendra o devir. Tudo o que somos deriva do movimento ao mesmo tempo que produz movimento. Todos os fatos estão interligados, traduzindo um processo de imanência entre criador e criatura. Estes não se opõem, mas exprimem a mesma força e energia. Cada ser, na natureza, obedecerá a uma mesma lei plenamente cognoscível.

Mas o impulso ao concreto dos pensadores da época, seu afã de afastar qualquer vestígio metafísico, cria um sério problema. Sem a presença de Deus e a crença na transcendência, o que poderia assegurar a uniformidade e a continuidade da natureza e de suas leis universais?

Para resolver a aporia deixada pelo questionamento da garantia do conhecimento assentado na transcendência divina, David Hume postula que a regularidade da natureza nada mais é do que o reflexo de uma necessidade psicológica do homem, que precisa nela crer para edificar todo e qualquer conhecimento. É o homem que estabelece relações causais, que saem da parte para o todo, e pressupõe essa mesma ordem na natureza; se elas existem, não advêm de deduções lógicas, nem de características físicas, ou ao menos matemáticas ou da transcendência, mas da psique e do hábito.

O centro do conhecimento é deslocado da física para a biologia, portanto, para a observação, experiência e descrição dos hábitos humanos.

Outro autor a destacar nessa nova forma de investigar o conhecimento é Denis Diderot, que conclui estar a verdadeira riqueza da filosofia no conhecimento dos fatos. Não deve existir nenhuma preocupação em saber se os fatos podem ser medidos ou contados e definidos por idéias claras e distintas. Deve-se capturar o espírito dinâmico da natureza, pois não há nada que possa garantir a sua uniformidade e continuidade.

Tanto a proposta de Hume quanto a de Diderot assentam-se numa nova idéia do que é conhecer. Essa idéia os vincula, perfeitamente, à metodologia estabelecida por Georges Louis Leclerc, conde de Buffon, em 1749. Esta metodologia fortalece a confiança na experiência, determina o raciocínio por analogia para verificar seguramente a relação entre as partes e o todo. Conclui que na natureza, por suas sutis diferenças, mais do que estudar espécies e gêneros, é preciso investigar indivíduos.

Estabelece-se, dessa forma, a biologia como novo paradigma para o conhecimento da natureza porque ela, ao contrário da física teórica e da matemática, oferece todas as condições para o conhecimento das singularidades.

Imbuídos desse materialismo e armados pelo método da investigação biológica, médica, fisiológica, os iluministas não vão desvendar os mistérios do mundo, para eles pouco importantes, mas descrevê-los.

A espécie

Um dos mistérios que deve ser encarado no século das *Luzes* é a questão da natureza humana. O que é o homem?

Para os iluministas, o homem não se separa da natureza e deve ser pensado e questionado segundo o mesmo método que estuda os demais seres presentes nela. Deve ser observado e descrito, detalhadamente, em todos os seus aspectos.

Pode-se constatar a rigorosa aplicação desse método ao lermos o verbete "homem" da *Encyclopédie*, que foi assinado por Diderot (1778-1779, tomo 17, p. 668). Ele considera que o homem é um ser que sente, reflete, pensa, que passeia livremente pelo planeta. Também é mencionado que o homem parece estar à cabeça e dominar os outros animais, que o ser humano vive em sociedade e inventou as artes, as ciências e as leis e além disso teria uma bondade que lhe seria própria.

Após essas primeiras linhas, Diderot detalha os aspectos anatômicos, morais e políticos dos homens, demonstrando uma intensa preocupação com a justificação científica de cada afirmação. Narra a história natural do homem (como um verdadeiro anatomista) do nascimento até a morte.

Algum tempo após seu nascimento, a criança urina e produz o mecônio. O mecônio é negro. Ao segundo ou terceiro dia, os excrementos mudam de cor e ganham um odor mais ruim. (Idem, p. 669)[1]

---

[1] Os textos cujas referências estão em francês foram traduzidos pela autora.

Juntamente com a descrição científica, apresenta a de costumes, de modo a fazer constar as diferenças entre os diversos povos:

> Os povos da América setentrional se deitam sobre o campo de arvoredos carcomidos, cama forte, natural e macia. Na Virgínia se fixam sobre uma tábua guarnecida de algodão, e furada para o escoar dos excrementos.
> Desde o nascimento, as crianças mamam nos peitos durante um ano inteiro. Os selvagens do Canadá continuam essa alimentação até a idade de quatro ou cinco anos, algumas vezes até seis ou sete. Entre nós, as amas-de-leite juntam a seu leite um pouco de papinha, alimento indigesto e pernicioso. Seria melhor que ela mastigasse para seu lactante até que ele tivesse dentes. (Idem, p. 669)

O enciclopedista considera que a natureza mostra sua sapiência e desenvolve sua obra durante a formação do homem. Desta forma, ele elimina todo traço da providência divina.

A persistência das descrições detalhadas da anatomia humana nas diferentes fases da vida revelam a importância que se dava à observação e o cuidado em atribuir o comportamento humano a causas naturais.

O universo humano, portanto, pode ser traduzido ou reduzido ao próprio movimento de sua constante geração e mutação: transformação[2].

---

[2] O transformismo tem como bases duas teses principais: 1. as formas vivas provêm umas das outras; 2. esta filiação vai sempre desde o mais simples até o mais complexo. Segundo Rostand (1952, p. 9), os primeiros transformistas (Maupertuis e Diderot) não eram evolucionistas: "...Maupertuis e Diderot não compreendiam, ou ao menos não afirmavam claramente que a natureza viva devia seu início às formas extremamente simples que ganharam complexidade progressivamente. De todo modo, Diderot, em diversas passagens de sua obra, marcou vigorosamente a *continuidade* das formas vitais, sua *plasticidade* e mesmo o caráter *transitório* das espécies". Suas investigações científicas fizeram-no assumir uma postura radical em relação às criações da natureza: a natureza iniciaria sua obra combinando elementos monstruosos que seriam reunidos fortuitamente. Ele afirma, em seu *Éléments*, que a natureza cega não deixa subsistir senão os seres que podem coexistir com a ordem geral. Esta afirmação reforça suas crenças nas formas da natureza para formação e destruição das coisas nelas existentes, como também critica as concepções finalistas que defendiam um otimismo exagerado, em que melhores criações viveriam no

Outra descrição do que seja o homem foi feita por Jean Marie Arouet, conde de Voltaire, no *Tratado de Metafísica*. Segundo este autor, "Poucas pessoas se preocupam em ter uma noção do que seja o homem" (Voltaire, 1978b, p. 61), e expõe que nem os camponeses, nem os ilustres filósofos conseguem expressar com clareza esta idéia.

Para aclarar sua tese, Voltaire apresenta as impressões que supõe teria um viajante interplanetário ao encontrar o primeiro humano.

> Descendo sobre este montículo de lama e não tendo maiores noções a respeito do homem, como este não tem a respeito dos habitantes de Marte ou de Júpiter, desembarco às margens do oceano, no país da Cafraria, e começo a procurar *um homem*. Vejo macacos, elefantes e negros. (Voltaire, 1978b, p. 62)

Após observar os comportamentos das várias espécies de "bestas" que aparentavam todas elas possuir um lampejo de uma razão imperfeita, pode perceber que o negro, a longo prazo, apresenta um pequeno grau de superioridade em relação aos outros animais. Isso o conduz a concluir que, entre eles, o espécime negro seria o homem, que passa, então a ser definido como

> um animal preto, que possui lã sobre a cabeça, caminha sobre duas patas, é quase tão destro quanto um símio, é menos forte do que outros animais de seu tamanho, provido de um pouco mais de idéias do que eles e dotado de maior facilidade de expressão. Ademais, está submetido igualmente às mesmas necessidades que os outros, nascendo, vivendo e morrendo exatamente como eles. (Ibidem)

A seguir, dirigindo-se às Índias Orientais, o viajante descobriria outros animais e um tipo diferente de homem: o amarelo

---

melhor dos mundos possíveis. A relação entre causa e efeito nas produções naturais é inicialmente acidental, mas todos os caracteres adquiridos pelas espécies são transmitidos hereditariamente, oferecendo um ponto fixo na formação de raças e espécies. Em seu materialismo, Diderot rejeita totalmente qualquer princípio transcendente para a explicação dos fatos. Até mesmo a psicologia deveria fundar-se sobre a fisiologia. Portanto, o físico influencia o moral e vice-versa.

com crinas negras. Após, encontraria em Goa e na Batávia homens brancos com cabelos louros, que lhe indicariam homens vermelhos.

De formas não antagônicas (com mais ou menos humor), o que esses dois pensadores nos apresentam é a existência de uma grande diversidade entre os homens, tanto em sua configuração fisiológica, como em seus hábitos e costumes. Todavia, esta apresentação inicial não foi suficiente para afastar as seguintes questões que ocorriam aos pensadores da época: se o homem é um animal, o que o diferenciaria dos outros animais? Poder-se-ia pensar que, dada a diversidade na aparência e nos costumes dos homens, existiria de fato uma unidade humana, uma espécie humana?

À primeira questão, o próprio texto escrito por Diderot para o verbete "homem", parece oferecer uma resposta. O homem diferencia-se dos outros animais por sentir, refletir e pensar e pela moralidade.

O humor sarcástico de Voltaire não nos conduziria a pensamento diferente desse, visto que ele também considera a moralidade e o pensamento como atributos humanos. Segundo esse autor, é o instinto que assemelha homens e animais, pois ambos são guiados por ele. O instinto que governa todo o reino animal, no homem, é fortificado pela razão e reprimido pelo hábito. É determinado pela natureza, portanto, todos os homens são dotados de um mesmo sentimento moral (noções do justo e do injusto) e refletem a necessidade natural de sobrevivência.

Contudo, é no pensamento de Buffon que encontramos a resposta que nos interessa verificar mais de perto. Para este ilustrado que exerceu grande influência sobre vários pensadores de sua época (inclusive sobre o próprio Diderot e sobre Voltaire), os homens diferem dos animais pela capacidade de expressar seus pensamentos, com o uso da palavra, e por organizar-se em sociedade.

A importância da sociedade para Buffon é tão grande que ele afirma que a extensão (número de habitantes) de uma sociedade determina seu aperfeiçoamento. As Américas não são civilizadas porque o número de habitantes é pequeno. Buffon discorda de Rousseau e não reconhece nem um estado anterior à sociedade, quando o homem teria vivido isolado e sem necessidade do outro. A história da espécie e a história da sociedade são as mesmas. A espécie humana teria perecido se não houvesse sociedade. Supor um estado de natureza anterior à sociedade é supor um homem sem pensamento, sem palavras, pois a palavra e o pensamento nasceram com o homem que os desenvolveu em sociedade. A socialização é uma causa necessária, pois reflete a necessidade da espécie em manter-se a si mesma.

A socialização define a natureza do homem e demonstra sua capacidade de interferência no meio.

Homem, razão e sociedade formam, portanto, uma tríade indissociável, acentuando e demarcando o território humano dos outros elementos.

A segunda questão é um pouco mais complexa.

Tanto Voltaire, Buffon, Diderot e outros iluministas acreditavam na existência de uma espécie humana, mas discordavam sobre a origem das diferenças entre os "tipos" observados.

Diderot, no verbete "espécie humana" da *Encyclopédie*, pondera que:

> O homem, considerado como um animal, apresenta três tipos de variações, uma é a da cor; a segunda é a da grandeza e da forma; a terceira é a das diferenças naturais entre os povos. Tudo isso, concorre, portanto, para provar que o gênero humano não é composto de espécies essencialmente diferentes. (1778-1779, tomo 17, p. 840)

Seria a mesma espécie com aspectos diferentes.

Já Voltaire apresenta sua teoria sobre a origem dos homens e suas variações da seguinte forma:

> Quer me parecer que agora estou muito bem fundamentado para crer que os homens são como as árvores: assim como as parreiras, os ciprestes, os carvalhos e os abricoteiros não vêm de

uma mesma árvore, assim também os brancos barbados, os negros de lã, os amarelos com crina e os homens imberbes não vêm do mesmo homem. (1978b, p. 63)

Ou seja, para Voltaire, haveria origens diferentes. Isso pode nos levar a considerar que este autor acredita na existência de várias subespécies de homens.

Contudo, o objetivo, tanto de Voltaire quanto de Diderot, nos textos apresentados é saber de onde provêm as diferenças encontradas entre os homens.

Diderot, seguindo a lógica dos materialistas, dirá que a diferença é provocada pela variação nos alimentos, climas e hábitos. Uma causa encontrada, portanto, no próprio movimento da natureza.

Voltaire[3], por sua vez, embora não ignore as influências da

---

[3] Para Michèle Duchet, em seu livro *Anthropologie et histoire au siècle des Lumières* (1971), Voltaire busca uma compreensão da espécie humana através de dois princípios essenciais: o princípio de identidade, que reconhece em todas as raças de homens um instinto benévolo próprio da espécie; e o princípio da diferenciação, que estabelece entre elas enormes desigualdades naturais. Nestes princípios se encontram a fonte que define os estados dos povos. Todos dotados do mesmo sentimento de bondade e de justiça necessários à sua sobrevivência, mas dispostos em estados de desenvolvimento racional diferentes. Esta definição ou lei natural encerra, por sua vez, uma determinada história; assim como os animais irracionais não têm história, cada raça produzirá sua própria história refletindo seu estágio de progresso. O princípio de identidade tende a reabsorver-se no princípio de diferenciação que explica, por sua vez, os desníveis da história humana e suas singularidades. Ao afirmar que tanto os negros quanto os judeus devem ser vistos como homens inferiores e que os homens brancos são superiores aos negros, que são superiores aos macacos, que são superiores às ostras, Voltaire estabelece esta superioridade através de um mecanismo de fusão dos princípios acima expostos que definem a superioridade de um povo por seus costumes e pelo seu estágio de desenvolvimento cultural ao qual todos os povos teriam acesso mais cedo ou mais tarde, mas talvez Voltaire não tivesse disposição para esperar esta transformação. Por isso, e em nome da tolerância e da racionalidade, pregava práticas mais humanitárias para com os escravos, embora não defendesse a extinção do sistema escravista. Voltaire não é homem de ciência como Buffon ou Diderot. Ao contrário, ele critica as concepções dos naturalistas de sua época, pois associam as ciências da vida à defesa do ateísmo. Suas idéias sobre a espécie humana refletem sua posição deísta e seu finalismo (ele concebe o homem como o fim da criação), por isso abraça o poligenismo quando quase todos os teóricos ilustrados aderiam ao monogenismo. Desta forma, posiciona-se contra os filósofos adeptos das ciências da vida, contra os teólogos e, segundo ele, contra toda sorte de superstições.

natureza na configuração humana, prefere atribuir as variações à diferença de origens de cada "tipo" humano, como já foi sugerido.[4]

Detalhista em suas preocupações com as origens das diferenças na espécie humana, preocupação bastante louvável para quem procura inaugurar uma nova metodologia de investigação científica, Buffon, assim como Diderot, reduz a três as variedades que se verificam entre os homens nos diferentes climas:

1. a primeira e mais notável é a da cor (cabelos, olhos e pele);
2. a segunda é a forma e o tamanho (dimensões e proporções do corpo, conformação da cabeça, estrutura do rosto);
3. a terceira é ligada às inclinações e aos costumes.

Os costumes, por traduzirem a capacidade de interferência do homem no meio, ou seja, o uso da razão, seriam os grandes responsáveis pelas variações encontradas entre os povos. Desta forma, estabelece-se uma correspondência entre a diversidade biológica e a sociocultural. Dito com outras palavras, constrói-se uma interligação entre as variações da espécie e a forma como cada homem se utiliza da razão.

Somando-se todos os elementos expostos até o momento, pode-se concluir que os filósofos iluministas eram unânimes ao definir os homens pela sua capacidade racional de modificar a natureza, fato que também os diferenciava dos outros animais. Estes homens, sendo frutos da própria natureza, não estavam alheios às modificações que ela imprime em todos os seres. Por isso também apresentavam variedade.

Embora não fosse naturalista, Voltaire adota a tese da não-ruptura entre o corpo e o pensamento. Recusa este dualismo mas também não aceita que o homem seja simplesmente matéria. Prefere crer que não é dado ao homem conhecer a natureza de seus pensamentos, sentimentos e ações.

[4] O leitor deve ter notado um recurso constante às obras de Voltaire e Diderot e não a tantos outros autores do Iluminismo. Escolhi esses autores porque, além da riqueza de seus pensamentos, eles exemplificam duas formas de pensar a questão da diversidade humana que serão fundamentais para a elaboração de toda uma reflexão que até hoje nos influencia. Elas foram configuradas como correntes dos monogenistas e dos poligenistas, sendo Diderot exemplo da primeira e Voltaire, da segunda. Também recorro a Buffon por razões que se farão claras ao longo do texto.

Vemos, portanto, o método estruturado pela biologia em ação. Porém, segundo os pressupostos da investigação científica elaborada nesse período, é preciso compreender cada parte, cada indivíduo que compõe uma espécie, antes de estabelecer a existência da espécie humana. Desta forma, nossos pensadores passaram a investigar singularidades humanas, baseados nos aspectos anatômicos de cada uma delas. Nenhum espaço do globo pode ser poupado. Homens da África, América, Ásia, Europa são estudados quer *in loco*, quer através de relatos de viajantes que realizavam constantes expedições pelo interior dos novos continentes.[5]

Dessas investigações surgem os verbetes "negro", "África", "mulato", "hotentote", "chinês", "América" e tantos outros que dizem respeito à diversidade humana.

No verbete "negro" há uma descrição dos habitantes da África na qual se afirma que:

> Não somente sua cor os distingue, mas eles diferem dos outros homens, pelos traços de seu rosto, narizes largos e chatos, lábios grossos, lã no lugar de cabelos, que parecem constituir uma nova espécie de homem. (Diderot, 1778-1779, tomo 22, p. 835)

O autor ainda afirma que muitos médicos têm pesquisado a causa da negrura dos negros e as conjecturas estabelecem como causa a bile ou a substância líquida encontrada nos vasos que preenchem os corpos mucosos.

Nota-se como cada detalhe é investigado cientificamente, sem recorrência a qualquer explicação que possa ser tomada como metafísica.

Há também o verbete "negros", que trata dos escravizados, no qual é afirmado que:

---

[5] Segundo Michèle Duchet, as bibliotecas de Voltaire, Holbach, Turgot, De Brosses eram ricas em relatos de viagens sobre a África e as Índias Ocidentais, mapas, compilações e histórias gerais sobre os continentes. Outra fonte de informações para os filósofos eram os administradores das colônias que descreviam a vida nas regiões sob seus cuidados. A partir desses relatos, os filósofos construíram sua antropologia, sua teoria política acerca desses povos.

O excessivo calor da zona tórrida, a mudança na alimentação e a fraqueza de temperamento dos homens brancos não lhes permitem resistir dentro deste clima aos trabalhos penosos, as terras da América, ocupadas pelos europeus, ainda seriam incultas sem o auxílio dos negros (...) Os homens negros, nascidos vigorosos e acostumados a um alimento grosseiro, encontram na América as doçuras que lhes fazem a vida rude muito melhor do que em seus países. (Idem, p. 843)

Diz-se, também, que a cada clima corresponde um tipo definido de homem. Fato afirmado à exaustão:

O fenômeno o mais marcado e a lei a mais constante sobre a cor dos habitantes da Terra é que, toda esta larga banda que cerca o globo do oriente ao ocidente que se chama zona tórrida, não é habitada senão por povos negros. (Idem, p. 836)

Em conseqüência desse processo, os filósofos deparam-se com uma realidade inteiramente nova e, pode-se dizer, criada por eles próprios. São as diferenças raciais que corresponderiam também a diferenças geográficas, de climas e de costumes.

Todavia, como já foi demonstrado, essas diferenças incidem diretamente sobre a forma de sociedade que determinado povo é capaz de criar ou, melhor, a maneira como interferem na natureza. Não podemos nos esquecer que o ideal de perfectibilidade iluminista também pode ser traduzido como a capacidade que a razão possui de transformar/dominar não só a natureza (entendida como território onde vive o homem), mas a própria natureza do homem, suas paixões e hábitos.

Haveria, então, povos mais perfeitos do que outros, com melhor e maior domínio da natureza? Se todos os homens possuem a mesma capacidade infinita para se aperfeiçoar, alguns, no entanto, teriam progredido mais do que os outros. Coincidentemente ou não, a divisão efetuada pelo desenvolvimento sociocultural (progresso) equivale a uma divisão biológica e geográfica. A produção de cultura será considerada mais bem realizada por alguns povos do que por outros.

A espécie humana é um corpo fragmentado.

Do encontro entre a ciência iluminista e os fatos, o homem sai fortalecido devido à potência de sua razão, que se sobrepõe a toda hierarquia, e enfraquecido pela fragilidade de seu corpo que se submete à mesma hierarquia condenada pela razão. Esta é apenas uma das contradições do Iluminismo.

A sociabilidade

No segmento anterior vimos como se construiu a idéia de uma espécie humana produzida pelo movimento da natureza e dividida em povos que apresentam diferentes graus de desenvolvimento social. Também foi apontado como a sociabilidade e a razão são os parâmetros utilizados para definir o que é o homem. Temos, portanto, a natureza e sua obra (a espécie humana com todos seus atributos e subdivisões) e o homem, com a sociedade e a cultura.

No verbete "sociedade" da *Encyclopédie* diz-se:

SOCIEDADE s. f. (Moral) os homens são feitos para viver em sociedade, se a intenção de Deus tivesse sido que cada homem vivesse só e separado dos outros, ele teria dado a cada um deles qualidades próprias suficientes para este gênero de vida solitário (...) a maior parte das faculdades do homem, suas necessidades, são provas desta intenção do criador. Tal é de fato a natureza e a constituição do homem que fora da sociedade ele não pode nem conservar sua vida nem procurar uma verdadeira e sólida felicidade.

(...) A sociedade, sendo tão necessária ao homem, Deus lhe deu também uma constituição, faculdades e talentos que o tornam mais próprio a este estado; tal é, por exemplo, a faculdade da fala que nos oferece o meio para comunicar nossos pensamentos com tanta facilidade e prontidão e que fora da sociedade não teria serventia.

(...) Toda a economia da sociedade humana está apoiada sobre este princípio geral e simples: eu quero ser feliz, mas eu vivo com homens que, como eu, querem ser felizes igualmente, cada um a seu modo; busquemos o meio de obter nossa felicidade e eles as deles sem que nenhum prejudique o outro. Nós encontramos este princípio gravado em nosso coração; se de um lado o Criador colocou o amor de nós mesmos, de outro, a mesma mão ali imprimiu um sentimento de benevolência para com nossos semelhantes; estas duas propensões, mesmo que distintas uma da outra, não têm, portanto, nada de opostas (...) Os moralistas têm dado a este germe de benevolência que se desenvolve nos homens o nome de sociabilidade. (Diderot, 1778-1779, tomo 31, pp. 217-218)

Neste trecho, podemos destacar os seguintes aspectos:
1º os homens foram criados para viver em sociedade – é exemplo disso a constituição humana e suas faculdades;
2º a sociedade é necessária – o homem tem a capacidade de falar, atestando sua necessidade de comunicação;
3º o homem é naturalmente sociável;
4º o princípio de sociabilidade instaura a sociedade;
5º o homem só é feliz em sociedade.

Se a natureza cria o homem, paralelamente produz a sociedade, visto que habilita os homens ao desenvolvimento de sociedades.

Já foi dito que a sociabilidade, este pendor ao bem-querer, é a grande responsável pela existência da sociedade: "Do princípio da sociabilidade decorrem todas as leis da sociedade". (idem, p. 215)

De acordo com esse princípio, tudo aquilo que se refere ao bem comum deveria ser a regra suprema da conduta de cada indivíduo, que visaria ao bem público e não a tirar vantagens particulares dele.

A razão nos diz que criaturas do mesmo tipo, da mesma espécie, nascidas com as mesmas faculdades para viver conjuntas e para participar das mesmas vantagens, têm, em geral, um

direito igual e comum. Nós somos, portanto, obrigados a nos enxergar como naturalmente iguais e a nos tratar como tal...
(Ibidem)

A sociabilidade seria algo como um instinto, garantindo não só a sobrevivência da espécie, mas também a própria felicidade dos homens. Estaria instaurada na índole humana e a natureza depositaria em nossos corpos todas as chances e condições para nossa felicidade.

Apresentamos, no segmento anterior, que a espécie humana não é una. Embora a natureza humana seja a mesma, há desdobramentos responsáveis por uma série de diferenças. A natureza não reconhece o princípio de igualdade como um dos primeiros fundamentos da sociedade. Ou seja, não é necessária a igualdade entre os homens para existir a sociedade, mas apenas a pressuposição desta igualdade. Por isso se afirma que, mesmo não sendo iguais, os homens deveriam enxergar a si e aos outros como iguais para viver em sociedade.

Os homens foram investigados detalhadamente para se concluir algo sobre suas diferenças de hábitos, costumes, sociedades. Se a sociabilidade é um princípio, atributo natural, as diferenças observadas nas sociedades (entre mais e menos perfeitas) podem ser compreendidas pelos diferentes graus de sociabilidade. Isto significa que há uma relação entre lei natural e social, entre natureza e sociedade.

Entretanto, se os homens foram criados para viver em sociedade, se eles são naturalmente sociáveis, se a sociedade é necessária e, principalmente, se o homem só é feliz em sociedade, o grau de perfectibilidade de uma sociedade também corresponde a um grau de felicidade.

Levando-se em consideração que os filósofos associaram a perfectibilidade da sociedade à própria perfectibilidade de cada povo, pode-se concluir que cada raça teria um grau determinado de felicidade? Que os iluministas construíram e destruíram simultaneamente a possibilidade de felicidade universal, visto que alguns homens seriam mais bem dotados para a felicidade do que outros? Pode-se pensar, ainda, que se o homem que não é "plenamente" sociável não é feliz e não pode ser compreendido pela ciência, então, este homem não é homem?[6]

Para Mauzi (1969, p. 230), a felicidade filosófica não se iguala à mundana, porque a primeira busca uma análise das condições objetivas de felicidade, tirada do conhecimento das leis do sentimento; faz referência a um sistema do mundo e estabelece uma certa concepção da sociedade, enquanto a segunda mantém-se no nível de um comportamento ideal.

Nessa associação entre lei natural, sociedade e felicidade, Mauzi apresenta-nos a obra de Ladvocat, pensador que em 1721 escreve *Entrétiens sur un nouveau système de morale et de physique ou la Recherche de la vie heureuse selon les lumiéres naturelles* editada em Paris, por J. Boudot e L. Rondet, que anuncia não se poder encontrar a felicidade a não ser nos conteúdos imutáveis da lei natural que nos dão os princípios constitutivos do homem. Os princípios são: a conservação natural do homem, a ligação com a sociedade civil e a união do homem consigo mesmo. Estes princípios norteariam um método universal (já que a razão também é universal) para a condução de todo gênero humano. Um método de moral universal que garantiria a felicidade. Ora, se o homem é sempre idêntico a si mesmo, não há o que temer. Por isso Ladvocat considera que todo o gênero humano é provido das mesmas faculdades, que qualquer país habitado, mesmo que apresente diferenças de climas e costumes, terá princípios universais, sociedades e leis para garantir a ordem e a união, punir o que é mau e louvar o que é bom.

---

[6] É interessante lembrar que, na Grécia antiga, Aristóteles também desenvolveu uma "ciência da vida feliz" que era a *política*. Em obra homônima descrevia a vida na cidade, os costumes, as instituições como o meio pelo qual o homem poderia construir sua felicidade ao mesmo tempo em que contribuía para o bem-estar de toda a comunidade.

Segundo Mauzi, este texto é exemplar, pois demonstra o desejo vigente no século XVIII de em todo lugar encontrar o mesmo. Tal desejo provém da necessidade de se constituir o homem como potência. Apenas o homem universal potente, forte, pode lutar contra Deus. Ou seja, retirar da transcendência o poder de fundar a sociedade humana.

Se, por um lado, a universalização das leis pautadas sobre a natureza humana logra estabelecer um mundo antropocêntrico, por outro, destrói toda a possibilidade de compreensão das variações no mundo. O homem universal torna-se arquétipo para todo homem.

A sociabilidade torna-se, então, a única e essencial dimensão do homem porque ela é necessária à felicidade (a estima e a amizade dos outros homens). Seriam felizes os homens que vivessem em sociedades nas quais pudessem utilizar sua razão; sociedade na qual se verificasse que o princípio de igualdade era obedecido, houvesse benevolência e estima entre os homens. Mas o homem só estima aqueles aos quais considera virtuosos.

Ora, se num primeiro momento o encontro entre a ciência e a realidade humana apontou a diversidade entre os povos, num segundo momento o encontro entre ciência, indivíduo e sociedade parece ainda mais complexo. Como tratar, em nome da universalidade, da razão e da felicidade as singularidades descobertas?

Nesse momento a noção de otimismo ilustrado passa a ser fundamental. Segundo ele, o homem é naturalmente bom e perfectível e também a sociedade, desde que governada por leis justas e adequadas. E se a sociabilidade é natural, não deve haver conflito entre a felicidade do indivíduo e a felicidade do todo. O homem sociável é o homem da cidade que em momento algum pode opor-se a ela, e seus interesses tornam-se, necessariamente, os interesses da coletividade.

O problema, entretanto, mantém-se e duplica-se. Como pensar as realidades descobertas e que dizem respeito aos povos que, segundo os próprios iluministas, vivem de forma "primitiva" e portanto mal se comunicam, tendo um grau ínfimo de sociabilidade? E também, como compreender dentro da própria sociedade a diversidade humana?

Aparentemente, é uma contradição insolúvel. Levando-se em consideração as individualidades na sociedade "ideal" ou na natureza, anula-se a idéia de sociedade. De um lado teríamos a natureza produzindo diferenças e, de outro, o homem idealizando igualdades, com a razão e a sociedade cindidas novamente.

Esta antinomia não pode ser solucionada sem o recurso à idéia de ordem e à de progresso.

Há uma ordem que não é imposta por nenhum ser transcendente e não corresponde a nenhum finalismo, mas é encontrada na própria forma como os arranjos naturais ocorrem e ocorreram. Mais do que uma ordem natural e universal, seria uma necessidade natural e universal responsável pela estabilidade do mundo. Não é preciso buscar a compreensão do porquê das coisas estarem onde estão, ou do que ou por que são como são ou quem as dispôs desta forma. Basta saber que elas obedecem a este princípio e que são, portanto, inteligíveis.

Esta ordem aplica-se a todos os seres da natureza.

Na base da idéia de ordem está a noção de progresso.

Se a ordem define uma certa estabilidade na natureza, o progresso imprime-lhe movimento. Crer no progresso equivale a crer na perfeita liberdade de movimento do homem, negada pela natureza, que o delimita biologicamente.

Ora, como é possível, então, associar a idéia de progresso à noção de uma ordem natural? Subordinando-se a própria idéia de progresso à natureza humana; afirmando-se que o homem é um ser naturalmente perfectível. Desta forma todo homem tenderia, naturalmente, ao progresso. Este progresso, entretanto, instintivo, só pode ser alcançado por meio da razão (graças a ela o homem é capaz de se reprimir e deixar frutificar apenas os bons instintos) e da sociedade, na qual os bons instintos e talentos podem ser desenvolvidos. Progresso, aqui, significa a capacidade que todo homem tem de se aperfeiçoar em todos os campos do conhecimento e da vida social. Este progresso pode ser posto em ato através da boa educação.⁷

O encontro entre a noção de ordem e a de progresso logra apaziguar o conflito entre razão e natureza, estabelecendo uma continuidade entre elas. A razão aprimora o trabalho da natureza aplicando sobre ela o movimento adequado ao seu desenvolvimento.

Todavia, do encontro entre essas duas noções também se origina uma outra, segundo a qual os povos podem ser ordenados de acordo com o grau de progresso que apresentam e esta ordenação também foi definida pela natureza.

Mas se este progresso corresponde a uma felicidade, pode-se pensar em felicidade universal?

Mauzi expõe contradições presentes na obra de Diderot que decorrem da necessidade desse autor de não desvencilhar felicidade e natureza, ou seja, crer numa felicidade universal. Universal porque pertinente a toda espécie humana, a todos os seres racionais. Coincidindo com a própria racionalidade. Porém, e é isso o que mostram as contradições no pensamento de Diderot, esse autor, em alguns momentos, expressaria admiração pelo naturalismo integral dos selvagens, como em *Supplément au voyage de Bougainville*, aceitando o aspecto de uma moral que não segue as normas da razão ilustrada. Já em outros momentos, filia-se à moral racional indignando-se com o gosto dos habitantes da América.⁸

---

⁷ A educação torna-se responsável pela felicidade e pelo progresso individuais. Na segunda metade do século XVIII ela modifica-se sensivelmente e passa do mundo íntimo (casa, salões) para a natureza e universo inteiro. Transforma-se em um problema nacional. Mauzi (1969, p. 575) nos diz: "O indivíduo é pouco a pouco absorvido no cidadão. A pedagogia torna-se um dos meios não do programa e da felicidade pessoais, mas do progresso e da felicidade coletivos".

⁸ As contradições no pensamento de Diderot podem ser aclaradas se considerarmos, como faz Mauzi, que o filósofo distingue várias ordens ou estágios humanos. No primeiro (nível mais baixo), o homem seria guiado apenas pela necessidade natural, pelos instintos que determinariam sua vida. Aqui, desconhece-se a liberdade. No segundo momento, supera-se o determinismo natural através da conquista da liberdade que permite ao homem fundar sua própria ordem (a *vertu*). Mas mesmo neste momento, norteado pela *vertu* ou por uma moral universal, há o "aprisionamento" do homem que não pode escapar às suas normas. Somente em um terceiro estágio rompe-se com o determinismo, quer natural quer moral, através do gênio individual

É claro que todos os ilustrados defendem a tese de que a felicidade é uma atitude da alma, portanto acessível a todas as condições, pois está inscrita na natureza do homem. Mas é neste momento, quando há o salto que insere a idéia de graus de felicidade (não tipos de felicidade), que a idéia de uma estratificação social se apresenta. Haveria, sim, uma igualdade subjetiva na qual todos os homens seriam ou teriam condições de felicidade e uma desigualdade objetiva dada pela posição social que este homem ocuparia e que coibiria ou não a felicidade.

Mauzi nos diz que esta idéia está presente em grande parte dos pensadores ilustrados, que compreendem a desigualdade social como uma necessidade do desenvolvimento da sociedade, ou seja, justificam esta desigualdade em nome do progresso. Desta forma, no tocante à felicidade, não há uma diferenciação imanente à natureza humana, mas exterior a ela. Assim, o homem não seria diferenciado do homem em si mesmo, mas pela necessidade social.

As idéias de progresso e de estratificação da sociedade se associam, discriminando homens diferentes com papéis sociais diferentes.

Por isso, no verbete "Igualdade" do *Dicionário filosófico*, Voltaire nos diz:

> No nosso desgraçado globo é impossível que os homens que vivem em sociedade não estejam divididos em duas classes: a dos ricos, que governam, e a dos pobres, que servem; e estas duas subdividem-se em outras mil e estas mil, ainda, possuem caracteres distintos.
>
> (...) O gênero humano, tal como na realidade é, não pode subsistir a menos que haja uma infinidade de homens úteis que nada possuam; porque, é mais do que certo, um homem que possua o suficiente e viva a seu bel-prazer não vai abandonar

---

que permite ao homem ultrapassar os ditames da natureza e constituir uma outra forma de virtude. Neste estágio, o homem de gênio inventa suas próprias regras. Cada um desses estágios corresponde a uma forma de felicidade, mas torna-se óbvio que é no último deles que se encontra o modelo ideal para Diderot, assim como para todos os iluministas.

a sua terra para vir cultivar a vossa (...) Por isso, a igualdade é, simultaneamente, a coisa mais natural e mais quimérica que existe. (Voltaire, 1978a, pp. 217-218)[9]

A definição do homem que servirá e do homem a ser servido faz com que se recorra a uma diferenciação natural entre eles, como expressa Turgot na *Lettre à madame de Graffigny*, de 1751, na qual considera que a desigualdade social é apenas uma decorrência de uma desigualdade que se iniciou no âmbito físico; cabe à sociedade usufruir dessa desigualdade em proveito próprio.

O barão D'Holbach também justifica a desigualdade como útil à conservação e à felicidade social.

No fundo de toda esta teoria está a necessidade do progresso social, o argumento econômico que justifica a divisão do trabalho e a necessidade de acumular bens. A felicidade passa a se associar ao progresso e à riqueza.

Não podemos nos esquecer de que, no período iluminista, buscavam-se justificativas científicas para as idéias que, na maioria dos casos, surgiam como frutos de uma exaustiva investigação acerca da natureza do objeto estudado. Desta forma, o aspecto de estratificação social não é definido como outrora, por conceitos finalistas como a vontade divina, mas por uma ciência da felicidade, da sociedade e do progresso. O *telos* deixa de ser a vontade de um ser transcendente para se tornar uma necessidade imanente de um mecanismo que opera alheio a qualquer vontade. Por isso, os pensadores procuram demonstrar que a idéia do progresso e da sociedade progressiva são dadas pela própria necessidade da existência das sociedades que acompanham todos os ditames e são elas mesmas frutos dos ditames da natureza.

---

[9] Aristóteles, em sua *Política* diz que se "...as lançadeiras tecessem e as palhetas tocassem cítaras por si mesmas, os construtores não teriam necessidade de auxiliares e os senhores não necessitariam de escravos" (1985, p. 10). O ideal de auto-suficiência, autonomia, autarquia que para os gregos se identificava ao bem e à felicidade do desfrute da pura vida contemplativa parece ter frutificado ao longo da história.

Assim não vão faltar pensadores para celebrar a riqueza como símbolo da felicidade de uma nação e nem modelos que associem riqueza material à riqueza da alma.

Em contrapartida, começou também a se esboçar o mito da felicidade dos humildes. Ora, se o pobre não poderia ser feliz por sua pobreza, também o rico não o seria apenas por sua riqueza. A bondade do rico define sua felicidade e a do pobre seria definida pelo seu trabalho e por sua frugalidade.

Dessa forma, busca-se provar que, apesar da desigualdade social necessária, tanto o rico burguês quanto o pobre camponês teriam acesso à felicidade. O rico não bondoso também poderia ser infeliz, tão infeliz quanto poderiam ser os párias que sustentavam a harmonia social. Ao contrário do que parece, não há nenhuma contradição entre as idéias apresentadas, visto que a felicidade sempre esteve associada a um tipo de virtude e os iluministas nunca descartaram a idéia de que natureza e moral estariam associadas. Se a natureza cria seres diferentes também pode diferenciar sua moral, virtude e tipo de felicidade. O universal se mantém conceitualmente, apesar de diferenças empíricas.

De qualquer forma, a felicidade burguesa, associada às idéias de virtude, razão, sociedade, progresso, impõe-se e triunfa.[10]

Compreende-se, diante disso, a descrição que é feita, por exemplo, dos hotentotes – são negros, sua linguagem é estranha e assemelha-se a um ruído animal, as mulheres apresentam deformidades físicas, vivem pouco pois se alimentam de carnes infectadas... são selvagens. Compreende-se, também, por que para esses pensadores preocupados em entender, aceitar e auxiliar a ordem natural, os homens brancos ocupavam o topo do mundo e os negros, a base.

Entre os brancos europeus, seguindo o próprio critério de Diderot, podem encontrar-se os homens de gênio (mesmo que

---

[10] Cabe lembrar que, opondo-se a todo este ideário burguês, encontramos a figura de Diderot, que buscou, na distribuição da riqueza, a causa da perversão dos povos e criticou a fórmula mítica de que o trabalho fosse algum antídoto contra a tristeza.

ocorra o contrário), estes são livres. Já os outros são guiados unicamente pela necessidade natural e desconhecem a liberdade mesmo que estejam diante dela.

Mesmo que por bom governo e pela educação esses povos pudessem alcançar o desenvolvimento (como pensavam Diderot e Helvetius), naquele momento estavam entre os que não progrediram, não desenvolveram talentos nem sociedades, entre os homens inferiores.

Dessa forma, estabelece-se o vínculo entre raça, progresso e hierarquia social.

A CIÊNCIA DAS RAÇAS E A RAÇA NEGRA

O racialismo

> Em todos os tempos esta cor sempre esteve revestida de valores negativos nas línguas indo-européias. É desta maneira que em sânscrito, o branco simboliza a classe dos brâmanes, a mais elevada da sociedade. Em grego, o negro sugere uma mácula tanto moral quanto física; ele trai, igualmente, os homens de intenções sinistras. Os romanos não somaram a este vocábulo nenhum significado novo: para eles, o negro é signo de morte e de corrupção enquanto o branco representa a vida e a pureza. Os homens da Igreja, à procura de chaves e símbolos que revelassem os sentidos ocultos da natureza, fizeram do negro a representação do pecado e da maldição divina. (Cohen, 1980, p. 39)

Como se percebe, mesmo antes da elaboração da noção de raça como algo que diferenciasse grupos de sujeitos no mundo, a cor negra já possuía características negativas.

A busca da compreensão da origem desta oposição branco/negro e da própria diversidade humana atravessou séculos. As questões levantadas pelos iluministas expandiram-se e tornaram-se ainda mais complexas.

Para Todorov (1989), os filósofos das Luzes foram os primeiros a desenvolver teorias racialistas (entenda-se aqui o estudo das raças humanas). Segundo ele, a doutrina racialista possui um número coerente de proposições, que podem ser resumidas em:

1. *A existência das raças:* consiste na afirmação da existência de grupos humanos cujos membros possuem características físicas comuns.
2. *A continuidade entre o físico e o moral:* a raça não é apenas definida fisicamente; o racialista postula uma continuidade entre o físico e o moral, ou seja, a divisão do mundo em raças corresponde a uma divisão por culturas. Das diferenças físicas decorrem diferenças mentais que são transmitidas hereditariamente.

   Nesta linha encontram-se os pensadores que atribuem diferenças culturais aos fatores físicos, estabelecendo uma ordem causal entre eles.
3. *A ação do grupo sobre o indivíduo:* o comportamento do indivíduo depende do grupo sociocultural (ou étnico) ao qual pertence.
4. *Hierarquia única de valores:* o racialista usa uma hierarquia única de valores para elaborar juízos universais pelos quais qualifica uma raça como superior ou inferior a outra. Para Todorov, esta escala de valores é, na maioria das vezes, a origem do etnocentrismo.
5. *Política fundada sobre o saber:* o autor diz que as proposições de 1 a 4 apresentam-se como uma descrição do mundo, como constatação de fato. A quinta é uma conclusão elaborada a partir das anteriores – uma proposição doutrinal que estabelece que uma política deve ser engajada, colocando o mundo em harmonia com a descrição precedente.

Estabelecidos os fatos, o racialista tira deles um julgamento moral e um ideal político (submissão das raças inferiores, eliminação).

No momento em que as teorias políticas ganham prática, o racialismo encontra o racismo.

Embora Todorov considere Buffon como o primeiro racista (por ele afirmar a existência das raças como uma evidência, a determinação do indivíduo pelo grupo, o vínculo entre o físico e o moral), é de fato, somente no século XIX, que o termo raça passa a ser utilizado para designar a idéia de diferenças físicas transmitidas hereditariamente. No século XVIII, devido a todos os elementos apresentados (crença na igualdade universal, na perfectibilidade dos homens, etc.), as diferenças biológicas não são consideradas como determinantes para um grau evolutivo do homem.[1]

Entretanto, alguns elementos da filosofia natural elaborada pelos iluministas são resgatados e, somados a outros, emergentes, adquirem um novo sentido. Noções como as de perfectibilidade, influências climáticas e origens separadas somam-se às novas ciências (frenologia, antropometria e eugenia). Do confronto entre a velha e a nova ordem surge uma nova concepção da diversidade humana.

Se já no século XVIII poligenistas e monogenistas divergiam sobre a origem das diferentes raças, este debate ampliou-se no século XIX.

Para os ilustrados, o grande problema era encontrar uma forma de, a partir das desigualdades observadas entre os povos, estabelecer uma norma igualitária. Por isso, as diferenças não eram tomadas como definitivas e nem, ao menos, eternas (mesmo que por vezes se assemelhassem a isso).

No século XIX, período em que a idéia de evolução torna-se o paradigma incontestável para toda investigação científica, já não se aceitam tolerantemente as diferenças entre os homens.

Os monogenistas continuam apoiando-se nos argumentos climáticos, geográficos, culturais para explicar as diferenças entre os homens e os poligenistas, remetendo-se às origens separadas. Contudo, estes últimos tinham como "ponto de honra" condenar os argumentos monogenistas, os quais eram identificados com uma forma de manter a tradição religiosa apresentada no *Gênesis*. Por

---

[1] A idéia de evolução ainda não havia sido forjada: os pensadores conheciam e acreditavam no transformismo e na capacidade de constante aperfeiçoamento do homem. Embora Buffon houvesse sugerido uma possibilidade de evolução, a crença na imutabilidade das espécies servia como obstáculo à aceitação da idéia de evolução permanente.

isso, ao contrário do que ocorria no século anterior, a adesão à teoria poligenista era maciça, em nome da verdade científica contra as ilusões metafísicas.

Não bastasse isso, os pensadores poderiam ser subdivididos em evolucionistas e racistas. Os primeiros acreditando nos mesmos argumentos ecológicos partilhados pelos monogenistas, e os segundos defendendo arduamente os argumentos biológicos segundo os quais o destino dos povos é determinado por sua raça.

No século XVIII, a crença na perfectibilidade fazia com que a teoria dos climas exercesse forte influência sobre os pensadores. Estes concluíram que os povos poderiam mudar rapidamente, caso fossem modificadas as condições externas atuantes sobre eles. Já no momento seguinte esta teoria perde sua força, devido a dois fatores básicos: as descobertas geológicas sobre a idade da Terra e a descoberta da hereditariedade. Ambos fortaleciam o argumento poligenista.

O ideal de perfectibilidade associado agora à noção de evolução pressupõe a existência de povos menos evoluídos, menos perfeitos, infantis e outros mais evoluídos, perfeitos, maduros. Some-se a isso a moral do trabalho divulgada pela burguesia e assimilada no século XIX, e veremos ruir o ideal do bom selvagem, primitivo, pelo qual as leis da natureza desenvolviam-se sem nenhum empecilho.

Se, para os iluministas, as desigualdades sociais apoiavam-se na diversidade humana ressaltando-a, para os evolucionistas e racistas do século XIX esta desigualdade social, de fato, inexiste, pois o evidente são as diferenças raciais expostas em distintas sociedades.

Nesse momento, a idéia de raça passa a funcionar como catalisador e solução para todos os problemas.

Variações na idéia de raça

Segundo Michael Banton, em seu livro *A idéia de raça* (1977), a palavra raça começou a mudar de significação em meados de 1800. Seu sentido anterior, similar a linhagem (dotado de caráter histórico e mutável), vai perdendo importância e surge uma nova acepção, que é a de definir e separar tipos humanos (dotada de caráter biológico e imutável). O mundo foi dividido em raças e, já que era assim, caberia entender o porquê das diferenças raciais e compreender cada raça distintamente.

Ampliando o conceito anterior de raça que subdividia a Europa em descendentes de saxões ou normandos, francos, romanos e outros, agora a classificação operava com tipos[2] que só poderiam ser definidos através do conhecimento fisiológico e biológico, ordenando todas as espécies existentes no planeta.

As raças que dividiam a humanidade de forma irreversível sobrepõem-se à igualdade dos cidadãos nas cidades. A realidade racial supera qualquer teoria do direito. Deste modo, a cada raça cabe um lugar no mundo e seus direitos são definidos pelo grau de importância que detém na ordem evolutiva. Ou seja, cada raça teria um direito determinado por sua natureza.

Investigações sobre os tipos raciais tomam a Europa e vários intelectuais aproveitaram a oportunidade para escrever teorias sobre as diferenças raciais. As disparidades entre as teorias e os teóricos eram mínimas, visto que partiam dos mesmos pressupostos; da crença na diferença entre os tipos humanos que impunha uma certa hierarquia e da busca de uma explicação anatômica para esta diferença, somada ou não a outros fatores.

Configurou-se uma maneira de encarar os tipos caucasóides como a raça eleita para ordenar e guiar o mundo, como podemos ver nos seguintes relatos:

Segundo Carl Gustav Carus, a humanidade divide-se em povos do dia (caucasianos), do crepúsculo oriental (mongóis, malaios, hindus, turcos e eslavos), do crepúsculo ocidental (índios americanos) e povos da noite (africanos e australianos). Para ele o progresso segue do Leste para o Oeste.

---

[2] A palavra raça era muito utilizada neste período. A tipologia ou teoria dos tipos permanentes estabelecia a existência de um tipo puro primordial e tipos secundários ou terciários oriundos das variações do primeiro. De acordo com esta teoria torna-se problemático explicar as diferenças raciais sem que os tipos se modificassem, ou seja, se os tipos são permanentes, como poderia haver variações raciais?

> Os povos do dia, que atingem a sua forma mais pura na região do Cáucaso espalham o seu tipo, umas vezes com maior perfeição e outras com menor por toda a Europa (...) Os grandes movimentos na história dos povos, se eles provêm de um núcleo especial, demonstram sempre a energia especial desse núcleo original (...) na infância dos povos a força material é dominante, mas, em circunstâncias mais evoluídas, o princípio espiritual vem à superfície. Constitui dever dos povos do dia o guiar e ajudar os outros menos favorecidos. (Carus apud Banton, 1977, p. 49)[3]

Para outro teórico alemão, Gustav Klemm, a divisão da humanidade consiste em raças passivas e ativas. Os povos diferenciam-se em mentalidade e temperamento, sendo que seu desenvolvimento cultural ocorre através do casamento entre os povos, pelo qual as raças passivas são penetradas pelas ativas. Teses como:

> 1) todas as culturas importantes na história têm na sua base uma simbiose de raças; 2) há diferentes tipos humanos (fortes e fracos ou ativos e passivos); 3) as raças migram, ou pelo menos, migram as ativas; 4) a migração leva à conquista dos fracos pelos fortes; 5) como resultado da conquista, as raças entram numa simbiose que, por miscigenação ou extermínio, acaba com a dissolução da raça ativa conquistadora como uma unidade diferente; 6) quando se dissolve a raça ativa, desaparece a tensão política e estabelece-se uma sociedade igualitária. (Klemm apud Banton, 1977, p. 52)[4]

estão presentes no pensamento de Klemm e Artur de Gobineau, sendo que o primeiro exulta com o resultado do cruzamento entre as raças e o último se desespera considerando-o a marca inevitável

---

[3] A referência da obra citada por Banton é: Carl Gustav Carus, *Denkschrift zum hundertjäbrigen Geburtsfeste Goethes: Ueber ungleiche Befähigung her verschiedenen Menscheitstämme für höhre geistige Entwickelung*, Leipzig, Brockhaus, 1849, p. 17.

[4] A referência da obra citada por Banton é: Gustav Klemm, *Allegemeine Cultur – Geschichte der Menschheit*, Leipzig, Teubner, 1843.

da degradação humana. Percebe-se, porém, que há uma consideração da existência de dois pólos e que a questão racial já é abordada de forma explícita e direta.

Entretanto, foi com a evolução do darwinismo e sua aplicação no mundo antropológico-social que a questão da raça ganhou um enfoque mais radical. Baseados nos princípios da evolução da espécie e da seleção natural, os darwinistas acreditavam numa raça pura, mais forte e sábia que eliminaria as raças mais fracas e menos sábias, desenvolvendo, portanto, a eugenia.

Esses pensadores antagonizavam com os teóricos que, como Gobineau, acreditavam na tese de que a natureza produziria um número limitado de tipos correspondentes às raças puras primordiais, que iriam se degenerando gradativamente de acordo com o grau de miscigenação que as atingisse. Para os darwinistas sociais, não havia degeneração, pois os fracos, inaptos, degenerados seriam eliminados.

O que nos interessa é verificar quem, tanto para os teóricos da tipologia racial como para os darwinistas sociais, corresponderia ao elemento fraco, passivo, degenerado ou degenerador.

As teses principais do darwinismo social eram as seguintes:

1) variabilidade: não há dois seres vivos iguais. As espécies modificam-se ao longo do tempo, de modo que não existem tipos permanentes; 2) hereditariedade: as características individuais não são adquiridas por adaptação, mas sim herdadas dos antepassados (...); 3) fecundidade excessiva: a demonstração de que eram gerados muitíssimos mais organismos que os necessários para a manutenção e até expansão destruiu as noções mais antigas da existência de uma economia divina na natureza; 4) seleção: a tese de que certos indivíduos, por causa das variações acidentais, se veriam favorecidos pelo processo seletivo parecia basear a evolução na sorte em vez de nos desígnios supranaturais, e revela-se perturbadora para os que pensam em termos antigos.[5] (Banton, 1977, p. 105)

---

[5] Para os pensadores dessa época ainda era importante considerar uma unidade entre corpo e alma, de modo que qualquer causa que afetasse o primeiro geraria um

O fato de o negro ser o tipo inferior poderia ser comprovado biologicamente, ora pelo tamanho de seu crânio ora pelo desenvolvimento de suas sociedades. Todavia, o darwinismo social introduz um elemento alheio à tipologia racial, a questão da luta natural entre as raças como motor da história.

A idéia da existência de uma raça inferior (derrotada na luta pela vida) levou à suposição da existência de uma "sociedade" inferior que abrigasse resíduos dessa raça parcialmente derrotada.

Deslocando a questão da raça para o centro da história, tornou-se inevitável um ataque frontal às raças consideradas inferiores, fracas. O darwinismo social vem coroar de êxito a teoria das raças que vinha se desenvolvendo por mais de um século.

Caberia a um bom selecionador, ou a um eugenista, preocupar-se em seguir à risca as teorias da mistura retiradas da obra de Darwin, na qual se determinava, por exemplo, que se uma pessoa inteligente se casasse com uma estúpida, os filhos teriam uma capacidade mediana. Assim, não tardou para que os darwinistas sociais incentivassem o preconceito racial como forma de eugenia:

> O que os darwinistas acrescentavam era a proposição de que o preconceito favorecia a evolução, ao manter separadas as populações e ao capacitar as raças emergentes para desenvolver completamente as suas capacidades especiais. (Banton, 1977, p. 115)

Ao que tudo indica o racismo foi inaugurado no século XIX, mas seus fundamentos lançados no século XVIII. No século XIX, a teoria da distinção racial pautada na biologia, fortalecida, deu o

---

efeito também no segundo. Assim, quando os anatomistas do século XIX procuravam explicações para as diferenças nos tipos humanos devido ao tamanho do crânio, eles estendiam as conseqüências de uma diferença anatômica para os caracteres da alma. Para os darwinistas sociais que pouca importância davam para a interferência divina nos processos naturais, as diferenças raciais observadas no corpo corresponderão às diferenças raciais não observáveis, mas presentes no espírito.

estatuto final à teoria de que a natureza forja alguns indivíduos ao comando e outros à obediência. Obediência identificada com a raça negra.

A unanimidade salta aos olhos quando se trata da inferioridade da raça negra. Charles Hamilton Smith escrevia em 1848: "O cérebro humano assume sucessivamente a forma dos negros, mulatos, dos malaios, dos americanos e dos mongóis, antes de atingir a forma caucasóide" (apud Banton, 1977, p. 47)[6].

Para ele, o negro é, portanto, o ser mais primitivo na escala evolutiva.

Gobineau fazia a seguinte consideração em 1853:

> Tal é a lição da História. Ela mostra-nos que todas as civilizações derivam da raça branca, e que nenhuma outra pode existir sem a sua ajuda, e que uma sociedade só é grande e brilhante enquanto preservar o sangue do grupo nobre que a criou, desde que esse grupo também pertença ao ramo mais ilustre da nossa espécie. (Apud Banton, 1977, p. 55)[7]

Assim, o sangue negro deteriora o branco. O negro seria marcado pela imaginação, sensibilidade e sensualidade e o branco, pela inteligência, praticidade, ética e moral.

O que é o negro?

Para William Cohen, desde a antiguidade greco-romana, existe uma imagem distorcida acerca da África e dos africanos. Terra de figuras monstruosas segundo Heródoto, Plínio, Rabelais e tantos outros, a África era vista pela Europa como *"uma porta para o inferno"*; a cultura islamita também via o negro de forma pejo-

---

[6] A referência da obra citada por Banton é: Charles H. Smith, *The natural history of the human species*, Edinburg, W.H. Ligars, 1848, p. 125.

[7] A referência da obra citada por Banton é: Arthur de Gobineau, *Essai sur l'inégalité des races humanines*, Paris, Firmin-Didot, 1853, p. 209.

rativa justificando praticamente a escravidão, muito embora o seu livro santo, o *Alcorão*, se posicionasse contrariamente a isso. Jean Léon L'Africain, muçulmano responsável pela transmissão da imagem do negro na França no século XVI dizia:

> são brutos sem razão, sem inteligência e sem experiência. Eles não têm absolutamente nenhuma noção do que quer que seja. Eles assim vivem como as bestas, sem regras e sem leis. (Apud Cohen, 1981, p. 24)[8]

Os relatos dos viajantes em busca de terras perdidas confirmavam os mitos antigos e medievais sobre a África e sua população:

> Há povos tão selvagens que mal sabem falar, tão sujos que eles comem as entranhas dos animais cheias de imundices sem as lavar, e tão brutos que mais se parecem com cães famintos do que com homens que se utilizam da razão. (Le Blanc apud Cohen, 1981, p. 28)[9]

E assim seguem relatos e mais relatos sobre os mistérios selvagens da África negra.

O tratamento dos europeus para com os africanos diferencia-se do oferecido aos índios da América que, apesar de serem vistos como primitivos, eram dotados de pureza, algo que não se aplicava aos negros. A cor que os distinguia dos brancos era estranha e pedia explicação. Teriam os negros a pele escura devido à forte influência do sol nas regiões por eles habitadas? Seriam os negros tão escuros por sua descendência de Caim, que teve sua face enegrecida por Deus após matar Abel? Ou pela maldição de Noé sobre Caim do qual todos os negros descenderiam? Seriam negros por causa da água e do alimento que os nutria, encontrado somente na África?

---

[8] A referência da obra citada por Cohen é: Jean Léon L'Africain, *Description de l'Afrique*, Paris, Épaulard, 1956, p. 56.

[9] A referência da obra citada por Cohen é: Vicent Le Blanc, *Les voyages fameux de Vicent Le Blanc*, Paris, s.e., 1649, t. 2, p. 2.

O ser do negro é investigado, especulado, demonstrando que constituía um fenômeno diferente. Quer por obra da natureza, quer por obra divina, havia se produzido um ser que merecia explicação, um ser anormal. Essa explicação tornava-se quase sempre justificativa de sua inferioridade natural.

A África seria uma terra de pecado e imoralidade, gerando homens corrompidos; povos de clima tórridos com sangue quente e paixões anormais que só sabem fornicar e beber.

A cultura diferente desse povo era encarada como signo de barbárie. A vida sexual, política, social dos povos africanos foi sendo devassada e diminuída diante da vida dos europeus. A invisibilidade das diferenças entre os vários povos da África fazia com que todos fossem vistos de uma única e mesma forma: todos são negros.

A Europa "civilizada", branca, era tomada como paradigma para a "compreensão" da cultura do novo mundo, como se fosse possível fazer um transplante de valores. A biologia será a chave mestra para esta compreensão e, como já foi dito, fornecerá os elementos pelos quais a idéia de raça se transformará em racismo científico.

Com o apogeu da sociedade industrial e do elogio ao trabalho, os povos que não acompanhassem o grau de desenvolvimento europeu eram condenados à inferioridade. Assim, ampliam-se as correntes que explicam a inferioridade dos povos da África por meio de argumentos "ecológicos" tais como: o meio quente e o solo fértil, produzindo abundância de alimento, levavam os africanos a uma vida mais tranqüila, ao recolhimento familiar. Toda essa riqueza natural propiciava menor desenvolvimento da inteligência e menor diligência. Para alguns teóricos, os africanos estariam condenados a uma eterna infância e encontravam-se em um momento semelhante ao da Europa em meados da Idade Média. Mas essa forma de compreensão "ecológica" da realidade vai sendo alterada gradativamente, aproximando-se de uma teoria centralizada na idéia de raça.

A teoria de Lamarck pode ser localizada num estágio intermediário, pois ao mesmo tempo em que considera o fator "ecológico" (insistia sobre a importância do meio e de sua circunvizinhança na formação dos organismos vivos), acrescenta o fator hereditariedade, segundo o qual os organismos se transformam de modo lento e gradual de acordo com as exigências do meio. Esse argumento favoreceu a tese de que os negros seriam duplamente inferiores, pelo clima e pela herança genética, visto que a mudança de uma sociedade primitiva para uma avançada demoraria algumas gerações.

Todavia, a teoria evolucionista ainda considerava a possibilidade de um desenvolvimento da África, a longo prazo. Herdando dos iluministas as concepções bíblicas sobre a idade da Terra que diminuíam em muito as transformações geológicas, era possível acreditar que a população da África alcançasse a civilização européia. Porém, os avanços da biologia e da geologia que auxiliaram a precisar a data de formação do planeta levavam a conclusões diferentes: a de que os negros descenderiam de uma raça originariamente branca que teria enegrecido, após milhões de anos, devido à ação do clima. Portanto, não seria possível que eles embranquecessem em apenas uma geração, a negrura atestava sua inferioridade inata, hereditária e inelutável.

Os valores que guiavam a Europa da Revolução Francesa caem por terra, emerge a fragmentação. A idéia da unidade antepõe-se à de multiplicidade, o individualismo ao universalismo. Também não é à toa que no mesmo século surge o movimento romântico que enaltece o indivíduo, suas qualidades e seu gênio desenvolvido por si só e para si. Não é ao acaso que no período se desenvolve a biologia, ciência do homem, que subdivide o múltiplo avaliando partículas. Outrora, as diferenças recebiam explicações variadas, quer pelo caráter social, político, físico ou religioso; agora, há uma única causa para todas as diferenças: a raça. Tal momento permite a Louis de Rouvroy, duque de Saint-Simon, afirmar, em suas *Mémoires*, que a superioridade de uma raça se julga pelos altos feitos militares e pelos êxitos científicos e que a superioridade da Europa se deve à superioridade da raça branca (apud Cohen, 1981, p. 297).[10] Quanto à raça negra, ela ignoraria a glória ao longo de toda a sua história por não produzir nada (política e/ou culturalmente) que pudesse indicar a sua grandeza.

Sendo assim, não tardou o surgimento de inúmeros especialistas que visavam a provar a inferioridade da raça negra e a superioridade da branca. Em 1839, fundou-se em Paris a Sociedade Etnológica cujo objetivo era estudar a organização física, o caráter intelectual e moral, as línguas e as tradições históricas dos diversos povos. Defendia a tese de que eram as características raciais que definiam esses fatores. Desenvolve-se, também nesse século, uma ciência antropológica (com caráter fisiológico) que pretendia demonstrar que os elementos físicos dos homens demarcavam a sua conduta (uma sociedade com esse escopo foi fundada em 1859). Obviamente, esses fatores estão intrinsecamente ligados aos interesses escravistas, tanto que os membros da Sociedade Etnológica deixaram de se reunir logo após a abolição da escravatura na França (em 1848). Já os antropólogos lograram determinar um lugar adequado para a massa de ex-escravos de "conduta viciada".

Se os traços físicos estabeleciam uma conduta, seria importante desenvolver uma ciência da aparência, que seria a reedição da idéia de que o corpo representa a exteriorização da alma revelando, por meio de seus traços, os vícios e as virtudes humanas. Com os avanços conseguidos pela anatomia, que podia provar a interdependência dos órgãos do corpo e a influência de suas funções na conduta do indivíduo, não foi difícil argumentar que diferenças físicas entre as raças produzissem diferenças intelectuais e morais.

Uma leve mistura da espécie negra desenvolve inteligência na raça branca, tornando-a mais imaginativa, mais artística, dan-

---

[10] A referência da obra citada por Cohen é: Saint Simon, *Mémoires*, Paris, Edition de Chérvel, 1856.

do-lhe umas asas maiores; ao mesmo tempo, enfraquece o poder do raciocínio da raça branca, diminui a intensidade das suas faculdades práticas, é um golpe irremediável nas suas atividades e no seu poder físico, e quase sempre elimina, do grupo resultante desta mistura, senão o direito de brilharem mais claramente que os brancos e pensarem mais profundamente, pelo menos o de tentarem com paciência, tenacidade e sabedoria. (Banton, 1977, p. 57)

A estética branca

No manual de Montabert, redigido para os artistas, vemos:

O branco é o símbolo da divindade ou de Deus. O negro é o símbolo do espírito do mal e do demônio.
O branco é o símbolo da luz...
O negro é o símbolo das trevas, e as trevas exprimem simbolicamente o mal.
O branco é o emblema da harmonia.
O negro, o emblema do caos.
O branco significa a beleza suprema.
O negro, a feiúra.
O branco significa a perfeição.
O negro significa o vício.
O branco é o símbolo da inocência.
O negro, da culpabilidade, do pecado ou da degradação moral.
O branco, cor sublime, indica a felicidade.
O negro, cor nefasta, indica a tristeza.
O combate do bem contra o mal é indicado simbolicamente pela oposição do negro colocado perto do branco.[11]

---

[11] Conforme Cohen (1980, p. 307). Esta oposição branco/preto será tematizada por todos os simbolistas, incluindo o nosso Cruz e Souza que, por ser negro, foi duramente criticado ao lançar mão dessa classificação em voga na Europa e importada pelos literatos brasileiros. Homens como Goëthe, Charles Fourier, Victor Hugo não fogem a essa classificação.

A cor deixa de ser um qualitativo e ganha um caráter essencial, passando a revelar o ser de uma pessoa.

Essa fisiologia ou explicação do ser através da forma como ele aparece (ou seus traços físicos) vai ganhar um grande impulso com o desenvolvimento da frenologia por Franz Gall.

Se o cérebro é o órgão mais importante do homem, seu formato determina as qualidades inatas de cada um. E se pelo formato do crânio podia-se descobrir a forma do cérebro, bastava medi-lo para saber a capacidade de cada raça. Daí as avaliações das cabeças de negros, brancos e índios para se constatar que as dos africanos possuíam dimensões menores que as dos europeus e por isso eram inferiores intelectualmente.

O pensamento de Gall não morre com ele, influenciando homens como Benjamim Constant, Stendhal, Balzac, Proudhon, Hyppolyte Taine.

Diante de uma sociedade normatizada pelos rígidos padrões de sexualidade difundidos por uma burguesia profundamente religiosa, não era de se espantar que a nudez cultivada por alguns povos na África gerasse inúmeras fantasias a respeito da sexualidade desregrada e devassidão dos africanos atribuída a seu animismo e práticas consideradas pagãs. Tema de literatura, a sexualidade desmedida dos negros era demonstrada pelo constante ataque às mulheres brancas (sinhazinhas puras e indefesas). Othelo e Desdêmona, personagens de Shakespeare, geram indignação:

> Desdêmona não é senão uma espécie de monstro de gosto depravado (...) Não se pode impedir de ficar chocado com a idéia de uma jovem patrícia de Veneza enamorada por um homem cujos semelhantes não podem ser visto pelas jovens filhas de nosso país sem gerar pavor. (Cohen, 1981, p. 340)

A construção da idéia de raça no século XIX estruturou, por meio de rígidos princípios, uma acentuada diferença entre brancos e negros. Observa-se que o imaginário europeu está repleto de concepções racistas difundidas em larga escala. Tanto nas ciências quanto nas artes, a imagem do negro que é veiculada leva a crer em sua inferioridade inata e irremediável.

Hannah Arendt, ao discutir o caráter persuasivo das ideologias racistas considera que:

> A extraordinária força de persuasão decorrente das principais ideologias do nosso tempo não é acidental. A persuasão não é possível sem que o seu apelo corresponda às expectativas ou desejos ou, em outras palavras, a necessidades imediatas. Nessas questões, a plausibilidade não advém nem de fatos científicos, como vários cientistas gostariam que acreditássemos, nem de leis históricas, como pretendem os historiadores em seus esforços de descobrir a lei que leva as civilizações ao surgimento e ao declínio. Toda ideologia que se preza é criada, mantida e aperfeiçoada como arma política e não como doutrina teórica. (1998, p. 189)

Entretanto, a apresentação do aspecto científico que se oferece como suporte à ideologia racista é fundamental para compreendermos como a intelectualidade, a ciência, dá seu assentimento à ideologia tornando mais aceitáveis e "verdadeiras" as ilusões e as idéias que difunde. Mas isso não é suficiente para esclarecer a necessidade e o desejo que nos levam a ser tão facilmente persuadidos pela ideologia do racismo.

Não seria razoável afirmar que somente uma suposta ojeriza aos negros, demonstrada pelos valores estéticos brancos, justificasse, ou auxiliasse, a invenção do racismo (contra os negros). Mas parece bastante adequado supor que o racismo apropriou-se de vários elementos dispersos neste imaginário de modo a somá-los e oferecer-lhes um caráter científico como o que já foi apresentado anteriormente. É bastante adequado supor que a ideologia racista alimentou-se dos valores estéticos em relação ao negro, do fascínio e mistério que a África e seus habitantes exerciam transformando diferença e mistério em anormalidade e monstruosidade. Não parece errôneo pensar que a construção da racionalidade e da cultura européia e os interesses de dominação, conquista, usurpação das riquezas encontradas no continente africano fossem os pilares sobre os quais se edificaram as teorias racistas em relação aos povos negros.

Se, ainda segundo Arendt, o apelo à raça foi inventado por teóricos que necessitavam de ideologias que contribuíssem para a unidade nacional (visto que a própria idéia da existência de uma nação era vazia e abstrata, inócua) mais uma vez se percebe que o racismo só pode ganhar vida a partir do momento em que essas nações, que inicialmente pensaram a si mesmas como raça, lançaram seu olhar imperialista a outros povos de modo a submetê-los mais facilmente. A ciência, dessa forma, torna-se o artifício que justifica a dominação e que cria uma nova necessidade.

Não é à toa que a autora fale em instintos, em desejos e experiências. Pensar a adesão à ideologia sem considerar que as necessidades e os desejos também são construídos historicamente é somente tocar na superfície de um problema.

E quais seriam as necessidades, desejos e as experiências que fizeram com que a ideologia racista fosse tão bem aceita num país como o Brasil, sabidamente marcado pela mistura entre povos?

PARTE II
INVENTANDO O NEGRO BRASILEIRO

A EMANCIPAÇÃO DOS ESCRAVOS VERSUS A INFERIORIDADE DOS NEGROS[1]

José Bonifácio: a emancipação

O interesse de parte da elite intelectual brasileira pelo movimento para a emancipação dos escravos no Brasil obedeceu, desde seu início, a uma lógica que unifica seus pensamentos aos ideais do Iluminismo/Liberalismo europeu. Em nome da igualdade de direitos, da liberdade, da economia liberal, muitos pensadores condenaram o sistema colonial e o trabalho escravo buscando igualar o país às mais desenvolvidas nações da Europa. No texto que será analisado a seguir fazem-se presentes teses como: todo homem é proprietário de si mesmo; a liberdade é um bem inalienável; não pode haver nação onde não há igualdade de direitos, preocupação com o bem-estar de seu povo e aprimoramento dos meios de produção e dos produtores. Também faz parte dele (de modo explícito ou não) o desprezo pelo trabalhador negro e mestiço.

José Bonifácio sempre se colocou entre a elite ilustrada brasileira representando, ele próprio, as mesmas ambigüidades da filosofia à qual se reportava e outras mais, oriundas de sua origem aristocrática. Defendia princípios conservadores ligados à monarquia (era ministro de Pedro I) e condenava o absolutismo e as

---

[1] Ao longo da segunda parte deste trabalho são citados alguns textos de livros e jornais considerados documentos clássicos. Preferi manter o português da época de cada autor, preservando seu estilo.

pretensões nobiliárquicas dos grandes proprietários rurais brasileiros; condenava a democracia, perseguia os republicanos e defendia a emancipação gradual dos escravos, a igualdade de direitos políticos e civis; defendia o trabalho assalariado, a educação e condenava os maus-tratos aos escravos, mas difundia preconceitos contra os não-europeus. Suas idéias tornam evidente o caráter do movimento emancipacionista ligado aos interesses da elite burguesa e distante dos verdadeiros ideais populares.

No texto, um dos primeiros a expressar os ideais liberais no Brasil com tanta clareza e radicalidade, podemos verificar a presença de vários elementos que se repetirão nas obras de outros emancipacionistas e abolicionistas, como Couty, Rebouças e Nabuco, por exemplo, demonstrando a filiação de todos eles à mesma escola européia e representando a forma e as razões que fizeram com que parte da elite intelectual brasileira se opusesse à escravidão.

Comecemos a tratar do tema da emancipação dos escravos pelo texto que é o espelho mais perfeito da influência das reflexões dos pensadores iluministas da Europa no Brasil. Trata-se da *Representação à Assembléia Geral Constituinte e Legislativa do Império do Brasil sobre a Escravatura*, texto escrito por José Bonifácio de Andrada e Silva no ano de 1823.

O autor, partindo do princípio de que o novo Império não pode prosperar sem que haja a abolição da escravatura, tem como proposta básica demonstrar a necessidade da emancipação dos escravos e propor uma nova lei para seu comércio.

São poucos parágrafos, que apresentam uma enorme densidade. A complexidade do texto pode ser percebida pela própria forma como Bonifácio o organiza. Num primeiro momento, apresenta a escravidão como o grande problema nacional para, em seguida, considerar e criticar os argumentos convencionais que a justificam do ponto de vista ético, econômico e jurídico e, por fim, indicar propostas para sua gradual extinção.

Bonifácio inicia seu texto da seguinte forma:

Como Cidadão livre e Deputado da Nação dois objetos me parecem ser, fora a Constituição, de maior interêsse para a prosperidade futura dêste Império. O 1º. é um novo regulamento para promover a civilização geral dos Índios no Brasil, que farão com o andar do tempo inúteis os escravos, cujo esbôço, já comuniquei a esta Assembléia. 2º. Uma nova lei sôbre o Comércio da escravatura, e tratamento dos miseráveis cativos. Este assunto faz o objeto da atual Representação. Nela me proponho mostrar a necessidade de abolir o tráfico da escravatura, de melhorar a sorte dos atuais cativos, e de promover a sua progressiva emancipação. (Idem, 1965, p. 30)

Percebe-se que o autor demonstra a preocupação com a construção do Estado brasileiro, para o qual a escravidão se apresenta como grande problema. Para um país que acaba de sair das malhas do despotismo português, cabe a seus parlamentares, seguindo o exemplo de outras nações independentes, colaborar para a formação da nação e de seus cidadãos. E pergunta:

> Mas como poderá haver uma constituição liberal e duradoura em um país continuamente habitado por uma multidão imensa de escravos brutais e inimigos? (Idem, 1965, p. 31)

O princípio do liberalismo adotado por várias nações européias pelo qual clama José Bonifácio prescreve que haja um Estado forte e cidadãos plenos em direitos e deveres. Os escravos não são cidadãos, portanto, contrariam a adoção de uma Constituição liberal.

Entretanto, antes de apontar os caminhos para a construção do liberalismo nacional, Bonifácio percorre outras veredas demonstrando o porquê de a escravidão ser tão nociva a este mesmo liberalismo. O que, conseqüentemente, já se constitui numa proposta política.

Seus argumentos éticos condenam a versão comum que se dá à necessidade e à utilidade da escravidão. Ele pondera:

> diz que é um ato de caridade trazer escravos d'África, porque assim escapam êsses desgraçados de serem vítimas de despóti-

cos Régulos: diz igualmente que, se não viessem êsses escravos, ficariam privados da luz do Evangelho, que todo cristão deve promover, e espalhar: diz que êsses infelizes mudam de um clima e país ardente e horrível para outro doce, fértil e ameno; diz por fim, que devendo os criminosos e prisioneiros de guerra serem mortos imediatamente pelos seus bárbaros costumes, é um favor, que se lhes faz, comprá-los, para lhes conservar a vida, ainda que seja em cativeiro.

Homens perversos e insensatos!

(...) Fala pois contra vós a justiça e a religião, e só vos podeis escorar no bárbaro direito público das antigas Nações, e principalmente na farragem das chamadas leis Romanas: com efeito, os apologistas da escravidão escudaram-se com os Gregos, e Romanos, sem advertirem que entre os Gregos e Romanos não estavam ainda bem desenvolvidos e demonstrados os princípios eternos do Direito natural, e os divinos preceitos da Religião; e todavia como os escravos de então eram da mesma côr e origem dos senhores, e igualmente tinham a mesma, ou quase igual civilização que a de seus amos, sua indústria, bom comportamento, e talentos os habilitavam fàcilmente a merecer o amor de seus senhores, e a consideração dos outros homens; o que de nenhum modo pode acontecer em regra aos selvagens africanos. (Idem, pp. 32-33)[2]

Bonifácio nos diz, então, que o liberalismo se faz com liberdade e igualdade pautadas pelo direito natural. Fato que não ocorre num país de escravos diferenciados de seus senhores, não só pela sua condição social, mas física e cultural, estabelecendo, não a homogeneidade necessária a toda nação e, sim, a fragmentação e a subordinação.

---

[2] Sabemos que esses argumentos foram utilizados ao longo da História para justificar a escravização dos povos. Veja-se Aristóteles – argumentos políticos usados contra os bárbaros; Sepúlveda – argumentos políticos e religiosos usados contra os índios; padres da Igreja – argumentos religiosos contra os mouros e judeus; Las Casas – contra os negros; espanhóis e portugueses em defesa do tráfico de escravos negros, etc. Perdigão Malheiro apresenta todos os argumentos retirados do direito antigo e preservados com modificações ou não para legislar sobre a escravidão no Brasil em seu livro *A escravidão no Brasil* (Malheiro, 1944).

Ainda em relação à ética, Bonifácio atribui à escravidão a culpa pela decadência moral dos brasileiros em geral e do clero em particular.

Em continuidade, seus argumentos econômicos apresentam a possibilidade de desenvolvimento pela introdução de novas técnicas para a produção e de mão-de-obra qualificada. Ele demonstra que a entrada de escravos africanos não aumenta a população,[3] visto que muitos morrem pela miséria ou desespero e que, não obstante, resta apenas o ônus da aquisição aos seus senhores. A escravidão também impede o desenvolvimento industrial, porque lança os senhores numa grande inércia e desinteresse pelo aperfeiçoamento[4], quer das técnicas de produção quer da mão-de-obra em si mesma. Em conseqüência, temos a destruição das matas e do solo e um enorme prejuízo para toda a nação.

> A lavoura do Brasil, feita por escravos boçais e preguiçosos, não dá os lucros com que homens ignorantes e fanáticos se iludem. Se calcularmos o custo atual da aquisição do terreno, os capitais empregados nos escravos que o devem cultivar, o valor dos instrumentos rurais com que deve trabalhar cada um dêstes escravos, sustento e vestuário, moléstias reais e afetadas, e de seu curativo, as mortes numerosas, filhas do mau tratamento e da desesperação, as repetidas fugidas aos matos, a quilombos, claro fica que o lucro da lavoura deve ser mui pequeno no Brasil, ainda apesar da prodigiosa fertilidade de suas terras, como mostra a experiência. (...) Eu desejaria, para bem seu, que os possuidores de grandes escravaturas conhecessem que a proibição do tráfico de carne humana os fará mais ricos; porque seus escravos atuais virão a ter então maior valor, e serão por

---

[3] Vimos na primeira parte deste trabalho que vários pensadores, entre eles Buffon, consideram o número de habitantes de uma região como fator de extrema importância ao seu desenvolvimento e civilização.

[4] A noção de aperfeiçoamento, desenvolvida anteriormente, era fundamental para os pensadores iluministas. Negar a crença na capacidade humana de aperfeiçoamento era negar a própria razão e preferir as trevas da ignorância e o retrocesso – o que ocorria no país de então.

interesse seu mais bem tratados; os senhores promoverão então os casamentos, e êstes a população. Os forros aumentados, para ganharem a vida, aforarão pequenas porções de terras descobertas ou taperas, que hoje nada valem. Os bens rurais serão estáveis, e a renda da terra não se confundirá com a do trabalho e indústria individual. (Idem, 1823, pp. 36-37)

A segunda tese de Bonifácio, portanto, faz-nos crer que o liberalismo coincide com o desenvolvimento industrial e melhor capacitação da mão-de-obra.

Num terceiro momento, expõem-se os argumentos filosóficos segundos os quais este Estado liberal pode ser construído. Embora estejam quase no final do texto, são o ponto de partida da reflexão de Bonifácio por sintetizarem o pensamento iluminista e orientarem a filosofia liberal.

Bonifácio considera que:

A sociedade civil tem por base primeira a justiça, e por fim principal a felicidade dos homens; mas que justiça tem um homem para roubar a liberdade de outro homem, e o que é pior, dos filhos dêste homem, e dos filhos dêstes filhos? Mas dirão talvez que se favorecerdes a liberdade dos escravos será atacar a propriedade. Não vos iludais, Senhores, a propriedade foi sancionada para bem de todos, e qual é o bem que tira o escravo de perder todos os seus direitos naturais, e se tornar de *pessoa* a *coisa*, na frase dos Jurisconsultos? Não é pois o direito de propriedade, que querem defender, é o direito da fôrça, pois que o homem, não podendo ser coisa, não pode ser objeto de propriedade. Se a lei deve defender a propriedade, muito mais deve defender a liberdade pessoal dos homens, que não pode ser propriedade de ninguém, sem atacar os direitos da Providência, que fêz os homens livres, e não escravos; sem atacar a ordem moral das sociedades que é a execução estrita de todos os deveres prescritos pela Natureza, pela Religião e pela sã Politica: ora a execução de tôdas estas obrigações é o que constitui a virtude; e tôda Legislação, e todo Govêrno (qualquer que seja a sua forma) que a não tiver por base, é como a estátua de

Nabucodonosor, que uma pedra desprendida da montanha a derribou pelos pés; é um edifício fundado em areia sôlta, que a mais pequena borrasca abate e desmorona. (pp. 37-38)[5]

A questão fundamental que se apresentava à época era a do direito natural à propriedade (entendendo-se o escravo como propriedade). Bonifácio questiona exatamente esta idéia ao dizer que o escravo não é uma propriedade porque é um homem e não uma coisa. E assegura que se está longe, em relação ao escravo, do direito natural.

Ora, o objetivo de sua argumentação era demonstrar a fragilidade da ordem social e política assentada na escravidão que contrariava o direito ao se valer da força como instrumento para manutenção de pessoas em cativeiro. A escravidão, ao privar o escravo do direito à liberdade e à propriedade de si, também contrariaria as leis éticas e morais de uma sociedade organizada que teria como base a liberdade, a felicidade e a justiça para todos os indivíduos. Por isso, para reverter a idéia de que a posse de escravos era natural, o Andrada humaniza o escravo. Desta forma, ele pode, simultaneamente, defender o direito à propriedade e ao trabalho livre como forma de garantir a estabilidade sociopolítica e a prosperidade econômica.

Podemos ver um exemplo disso no caso, acompanhado pelo conselheiro Macedo Soares, de uma escrava que deseja comprar sua liberdade dos herdeiros de seu senhor. Seguem-se alguns trechos do caso:

Petição
Ilm. Sr. Dr. juiz municipal do termo de Saquarema – Diz o bacharel Antonio Joaquim de Macedo Soares (...) que a parda Silveira, escrava na fazenda de Ipitanga (...), pertencente aos herdeiros do finado commendador Leandro Antonio Ferreira, desejando libertar-se, e tendo em si quantia sufficiente para

---

[5] A idéia de que a sociedade tem por fim a felicidade dos homens, totalmente iluminista, já foi investigada na primeira parte deste trabalho, portanto, tratarei, agora, da questão que envolve o direito natural como direito à propriedade e à liberdade.

cobrir o preço que razoavelmente se lhe possa dar, pretende que V. S. se digne mandar que respondão os herdeiros supplicados se convêm na liberdade da escrava (...)

Resposta dos Herdeiros (...)

Não consentimos no pedido da supplicante, não só porque ao escravo não assiste o direito de libertar-se contra a vontade de seus senhores, como também não sendo os abaixo assignados senão meros usufructarios dos serviços da supplicante, que pertence aos seus herdeiros, não podem alienar o que lhes não pertence.

(...) o usufructo é desmembração do direito de propriedade; para o usufructario apenas passão o *jus utendi* e o *jus fruendi*; quanto ao *jus abutendi*, que destacado dos outros não é senão a sua propriedade (...) fica reservado ao proprietario da cousa.

Petição

1º. *O escravo não é cousa* – No estado actual do nosso direito o escravo é pessoa com capacidade juridica, mas limitada ao ponto de ser coagido, pelos costumes tolerados pela lei, a prestar a outro homem serviços gratuitos (...)

2º. *O senhor não tem propriedade ou dominio sobre o escravo.* O dominio recahe sobre as cousas (...) e o escravo, a supplicante acaba de demonstrar, não é cousa.

O dominio comprehende o *jus utendi* e o *jus abutendi*: (...) e o senhor não tem sobre o escravo o *jus abutendi*, que comprehende não só o direito de alienar, como o de cada um fazer da sua cousa o que tiver por bem (...)

(...) Que direito de propriedade, é, pois, este, que dominio que não comprehenda em si o *jus abutendi* em toda a sua plenitude legal? Não; o senhor não tem propriedade sobre o escravo, nem usufructo, que é uma desmembração do dominio; tem somente o uso ou gozo dos serviços forçados e gratuitos do escravo, segundo a lei que lh'o tolera. (Soares, 1938, pp. 86-115)[6]

---

[6] Para compreensão dos termos jurídicos veja-se, também, Malheiro (1944). Embora esse texto seja posterior ao de José Bonifácio, mantém a mesma problemática que o anterior.

Os abolicionistas, como José Bonifácio, questionavam a idéia de que a escravidão estivesse em acordo com o direito natural de propriedade e que ela fosse útil à economia nacional. Os escravistas, por sua vez, encaravam o fim da escravidão como a ruína nacional e apregoavam que o sistema escravista era justo e de acordo com o direito natural.

Como se pode notar pelo texto de Bonifácio, os argumentos que envolvem o direito natural à propriedade do escravo e o da prosperidade e independência nacional sempre aparecem interligados. Preservar ou desfazer-se da propriedade de escravos implicava diretamente a construção da riqueza da nação brasileira e também a organização de uma sociedade política civilizada nos moldes do liberalismo europeu. Portanto, quando se discutia o direito natural à propriedade não era possível deixar de perguntar, como faz o Andrada:

> Se os negros são homens como nós, e não formam uma espécie de brutos animais; se sentem e pensam como nós, que quadro de dor e de miséria não apresentam êles à imaginação de qualquer homem sensível e cristão? (José Bonifácio, 1965, p. 32)

E mais, se são homens como podem ser tratados como coisas, escravizados e transformados em propriedade? O que justifica a escravização eterna de uma raça?

É neste sentido que o conselheiro Macedo Soares contesta a compreensão do escravo como coisa e não como pessoa e o direito de propriedade sobre eles.

Outro jurista, Perdigão Malheiro, considera que dentre todos os modos de ser escravo constituídos pelos romanos (nove, ao todo), apenas um resiste em seu tempo, que é o *partus sequitur ventrem* que prescreve que o filho da escrava também seja escravo. E afirma:

> que o escravo é reputado *cousa*, sujeito ao *dominio* (dominium) de seu senhor, é por ficção da lei subordinado às regras gerais da propriedade. Enquanto *homem* ou *pessoa* (acepção lata), é

sujeito ao *poder* do mesmo (potestas) com suas respectivas consequências. – Em todos os países assim tem sido. E os Romanos nos fornecem uma abundante fonte de determinações a respeito. (1944, v. 1, p. 70)

A querela jurídica se mantém em torno dos antigos argumentos escravistas, herdados da tradição aristotélica, somados aos novíssimos problemas do liberalismo.[7]

O mesmo Perdigão Malheiro apresenta esta contestação em seu texto:

Felizmente, a questão – *se a escravidão é autorizada pela lei natural* – é hoje meramente especulativa; a negativa prevaleceu, e é o fato. A demonstração da afirmativa é um esfôrço supremo da inteligência humana, da investigação sofística de certos espíritos, mesmo teológicos, que remontando a Platão, Aristóteles, Epicuro, Zeno, e outros, bem como ao Velho e Novo Testamento o pretendem sustentar, confundindo destarte o que é *instituição humana* com o que é *lei natural* ou do Criador abandonando a questão pròpriamente filosófica, abstrata, absoluta, para descerem ao *fato* e constituí-lo ou metamorfoseá-lo em *direito* (...)

A filosofia, o Direito Natural e o das Gentes (...) pregava e tem pregado contra ela, mostrando: 1º. que à natureza do homem repugna a escravidão, por aniquilar-lhe todos os direitos, tôda a sua personalidade, o espírito, aquilo que de mais elevado recebeu do Criador, que o fez à sua imagem, degradando-o por essa forma à condição dos irracionais e contradizendo o fim da sua criação, o seu destino; 2º. que é até instintiva essa repugnância; bastando para convicção disto, que cada um, com a mão na consciência, se dirija a si próprio a pergunta – *se quer ser escravo?* – a resposta é um brado prontamente negativo; 3º. que ninguém tem o direito de matar, nem de escravizar o inimigo prisioneiro; 4º. que não é lícito a qualquer re-

---

[7] Segundo a tradição aristotélica o escravo era considerado coisa e perdia todos os seus direitos, os romanos mantiveram este conceito, que ganhou várias interpretações ao longo da história sem perder, no entanto, sua essência que é a da caracterização do escravo como desprovido de direitos concedidos aos homens em geral.

duzir-se à escravidão ainda voluntàriamente, nem obrigar-se à servidão ou serviço perpétuo; 5°. que seria e é um contrato reprovado pela lei natural, e portanto radicalmente nulo; 6°. e com muito maior razão, sendo contra vontade ou forçada; 7°. que essa desigualdade real entre os homens, tanto nas qualidades físicas, como nas intelectuais e morais, formando a beleza das sociedades pela diversidade como em todos os demais seres criados na terra ou no espaço celeste, não legitima todavia nem autoriza aquêle fato; se o destino do homem é o seu aperfeiçoamento, outros são os meios de aproveitar e melhorar êsses mesmos infelizes menos dotados de habilitações, e jamais agravar-lhes a sorte reduzindo-os a uma condição muito mais degradante; 8°. que, enfim não há fundamento algum de ordem material ou espiritual, que dê ao homem o direito de reduzir-se ao cativeiro, e muito menos de a êle reduzir um outro homem, seu semelhante, seu igual. (Idem, v. 2, pp. 81-84)

O ponto de partida desses pensadores é de que a liberdade é a mais cara das propriedades humanas e faz parte daquilo que pode ser considerado inalienável.[8] Nem mesmo a ausência de sabedoria entre um povo escravizado justificaria seu cativeiro, já que a perfectibilidade é um dom natural.

Dessa forma, qualquer acordo ou tratado que envolva a alienação da liberdade deve ser desconsiderado. Esta idéia desenvolvida por longos anos ganha força com John Locke, que, segundo David Brian Davis (1970), foi o grande estimulador dos pensadores abolicionistas do século XVIII.

A filosofia de Locke baseia-se numa sociedade composta por indivíduos soberanos, proprietários de suas próprias pessoas. Numa sociedade assim não poderia haver homens escravos. Ou os escravos eram animais e, portanto, não poderiam estabelecer contrato com seus amos ou eram homens que haviam sido escravizados à

---

[8] A constituição da liberdade como propriedade humana inalienável foi desenvolvida ao longo da Renascença e nos séculos seguintes passou a configurar-se como algo incontestável. Veja-se Tuck (1979).

força, e teriam, por isso, garantido o direito natural da autodefesa lutando contra seus senhores. Desta maneira nada poderia legitimar a escravidão.

As investigações biológicas do século XVIII, apesar de todas as ressalvas, provaram, definitivamente, a humanidade dos negros africanos. Sendo homens poderiam e deveriam lutar pela conquista de sua liberdade.

Contudo, essa polêmica não se limitava ao direito à liberdade dos escravos. A outra face do problema se encontraria na questão da utilidade. Vimos como os próprios pensadores iluministas justificavam diferenças sociais em nome da utilidade, que também é evocada para justificar a escravidão. De um lado temos o direito natural condenando a escravidão e, do outro, a utilidade requerendo-a.

Tratava-se, agora, de provar que a escravidão violava não só as leis da natureza/direito natural como também as leis da utilidade. Era o caso, portanto, não de opor a natureza à utilidade, mas de conciliá-las.

Ora, se o direito natural prescreve uma igualdade humana e um igual acesso à felicidade por meio do uso das faculdades racionais, esses mesmos direitos não podem ser negados socialmente.

Davis (1970) considera, no entanto, que a Ilustração desenvolveu, simultaneamente, argumentos que poderiam ser utilizados tanto contra quanto a favor da abolição quando, entre outras coisas, constata que a igualdade é natural, mas a desigualdade necessária.[9]

---

[9] O texto, a seguir, sobre a posição política dos deputados constituintes de 1822, é bastante esclarecedor sobre a faceta liberal (ilustrada) dos pensadores brasileiros: "A maioria da Assembléia assumiria em relação ao princípio da soberania do povo a perspectiva restrita de Benjamin Constant, separando soberania da nação, do poder, identificados em Rousseau, dando ao conceito de soberania da nação uma interpretação toda particular (...) Para a maioria, os direitos naturais seriam segurança social, liberdade individual, propriedade; a igualdade concebida como igualdade de jure, mas não de fato. Identificando a liberdade à ordem, a vontade geral do povo à da monarquia, a soberania do povo à soberania da nação, entendida às vezes como a reunião dos súditos e do soberano, no qual este é a cabeça e a nação o corpo que obedece, a maioria dos deputados optaria por uma solução monárquica constitucio-

A dicotomia entre interesse individual e benefício geral se coloca novamente.

Ao longo da história, desejou-se demonstrar que a escravidão coincidia com o interesse dos escravos em ser escravos, com as leis da natureza e com a utilidade; mas, agora, esta cadeia de argumentos foi contestada.

Se o direito natural significa a posse de algo (posse de si mesmo, de sua liberdade, do fruto do trabalho de seu corpo são direito de felicidade), então, a utilidade que determina a escravidão é contra a natureza e, como esta define a organização social, também é contra a sociedade. Porém, não é em nome da ordem social que se estabelecem utilidades?

Ainda nos reportando ao século XVIII, é preciso relembrar que Montesquieu foi o primeiro filósofo que utilizou as ferramentas da Ilustração para tratar o problema da escravidão. Ele considerou que a abolição da escravatura requeria uma legislação na qual a lei positiva fosse guiada por um sentido de utilidade social e bem-estar público. A utilidade e a lei natural devem coincidir. Desta forma, as leis devem ser feitas em consonância com as forças do clima, solo, geografia que determinam o comportamento de cada povo e mantêm as instituições ajustadas à lei natural. A utilidade social também deve partir do sentimento moral oriundo deste meio e originar leis. Para a produção das leis poderiam ser consideradas a atuação de forças como o direito natural, a natureza dos governantes, causas físicas e morais. Há valores universais e valores relativos interagindo por todos os tempos.[10]

Todavia, a observação de que as leis devem ser pautadas na configuração de cada local e a partir da constatação do que é útil para cada sociedade, ao mesmo tempo que concilia direito natural e utilidade serve tanto para condenar como para justificar a escravidão.

---

nal, baseada na representação popular fundada em critério censitário, da qual ficaria excluída a maioria da população, composta de escravos, 'moradores', e agregados de fazenda (...) Era o ponto de vista de José Bonifácio" (Costa, 1977, p. 70).

[10] Não podemos nos esquecer que os argumentos climáticos foram amplamente utilizados em defesa do tráfico e escravização dos africanos.

Ora, se as leis fundam-se na natureza, não há por que considerá-las injustas.

Montesquieu, contudo, fundamenta o direito natural, não na natureza humana, mas na razão. Por isso, o direito é o conjunto de princípios que permite julgar as próprias leis e pode ser expresso na garantia da existência em sociedade. Estes princípios são: a necessidade de obedecer às próprias leis; a obediência aos pais e a proteção das crianças; a lei de reciprocidade. Não existem valores absolutos, tudo é relativo à natureza e às condições geográficas e climáticas, desde que de acordo com os princípios racionais, estes, sim, universais.

Temos, assim, as teorias do direito de propriedade e da liberdade individuais, da autoconservação e a lei de reciprocidade: todas fortes armas contra a escravização.

Assim, o verbete "escravidão" da *Encyclopédie* aplica a filosofia do direito natural à escravidão e serve de luz aos abolicionistas do século XIX.

> Assim, tudo coopera para deixar ao homem a dignidade que lhe é natural. Todos nós cremos que não se pode tirar-lhe essa dignidade natural que é a liberdade: e a regra do justo não está fundada sobre a força mas sobre o que está em conformidade com a natureza; a escravidão não é somente um estado humilhante para aquele que a sofre, mas para toda a humanidade mesma que é degradada.
>
> Os princípios que serão apresentados são invencíveis, não será difícil demonstrar que a escravidão não pode jamais ser encoberta por nenhum motivo racional, nem pelo direito da guerra, como o pensaram os jurisconsultos romanos; nem pelo direito de aquisição, nem por nascimento, como alguns modernos têm desejado nos persuadir; em uma palavra, nada no mundo pode tornar a escravidão legítima. (Diderot, 1778-1779, tomo 12, p. 917)

Aqui, há a conciliação definitiva entre utilidade e direito natural. A lei civil não pode ultrapassá-lo; e o desenvolvimento das sociedades não pode prescindir dele.

Compreende-se, assim, que o texto de Bonifácio lance mão de todos esses recursos no desmonte da escravatura.

Evoca a lei da reciprocidade quando diz:

> não se trata somente de sermos justos, devemos também, ser penitentes; devemos mostrar à face de Deus e dos outros homens, que nos arrependemos de tudo o que nesta parte temos obrado há séculos contra a justiça e contra religião, que nos bradam acordem *que não façamos aos outros o que queremos que não nos façam a nós.* (José Bonifácio, 1965, p. 31)

Exalta a humanidade dos negros; condena os argumentos tradicionais que justificam a escravidão; e, principalmente, demonstra sua inutilidade e baixa lucratividade.

Se as metas do liberalismo eram o interesse individual apoiado no interesse coletivo; a utilidade em consonância com o direito natural e a garantia de estabilidade econômica sem contrapor-se aos ideais de liberdade, caberia demonstrar, como fez Bonifácio que: 1º a escravidão era contrária ao interesse individual; 2º que se opunha ao direito natural e era inútil, e, 3º que destruía a economia nacional.

Perdigão Malheiro também faz questão de demonstrar o quanto a escravidão era inútil e prejudicial à sociedade:

> A escravidão é elemento corrosivo das sociedades em que ela existe, impede o desenvolvimento moral do escravo, o seu aperfeiçoamento, embrutece o homem e obsta a que êle preste tôda utilidade e proveito, que, sendo livre, poderia dar; prejudica o senhor, quer na ordem moral, quer na ordem econômica; representa valores perecíveis e deterioráveis, quando tais valores poderiam ser mais produtivos empregados de outro modo; prejudica a sociedade, já pelos males que lhe acarreta na moral pública e privada, já pelas graves perturbações na ordem social que exigem e demandam medidas e leis excepcionais. (1944, v. 2, p. 133)

Bonifácio conclui seu texto propondo as medidas necessárias para a emancipação dos escravos e para a edificação da nação liberal brasileira. Demonstra, mais uma vez, sua veia ilustrada, a exemplo de Raynal, Burke e outros, que também desejaram respeitar o ideal da liberdade individual e com ela a abolição sem, contudo, ferir os interesses do equilíbrio social que, ao menos no caso do Andrada, significava a ascensão de uma elite esclarecida ao poder, o controle da participação popular na política e o impedimento de manifestações de caráter jacobino, ou seja, a construção de uma sólida monarquia constitucional. Sugere, para isso, a melhoria no trato dos escravos, a gradual emancipação, a instrução religiosa dos escravos e, por fim, elabora todo um projeto de lei para extinguir, definitivamente a escravidão.

Encerra dizendo:

> Generosos Cidadãos do Brasil, que amais a vossa Pátria, sabeis que sem a abolição total do infame tráfico da escravatura africana, e sem a emancipação sucessiva dos atuais cativos, nunca o Brasil firmará a sua independência nacional, e seguirá e defenderá a sua liberal Constituição; nunca aperfeiçoará as raças existentes, e nunca formará como imperiosamente o deve, um exército brioso, e uma marinha florescente. Sem liberdade individual não pode haver civilização nem sólida riqueza; não pode haver moralidade e justiça; e sem estas filhas do Céu não há nem pode haver brio, fôrça, e poder entre as Nações. (José Bonifácio, 1965, pp. 46-47)

Segundo Davis, a Ilustração, ao emancipar o espírito europeu das superstições e da subserviência à autoridade, à tradição, mostrou o caminho para a felicidade humana e por intermédio de seus direitos e pelo bom uso da razão. Esses fatores foram responsáveis pelo que o autor considera como um abolicionismo militante, ou seja, quando não se podia mais aceitar nenhuma forma de escravidão em nenhum lugar da Terra. A verdade deste fato pode ser observada pelo grande número de textos proclamando a emancipação dos escravos. Argumentos como os apresentados por José

Bonifácio, Macedo Soares e Perdigão Malheiro foram reproduzidos, modificados, complementados. Mas, juntamente com a questão da emancipação dos escravos e suas conseqüências para a sociedade, vem à tona um outro aspecto, também herdado da tradição iluminista: a diferença entre as raças e a hierarquia entre elas.

Da mesma forma como a questão da liberdade, propriedade e utilidade são indissociáveis quando se trata da construção do Estado brasileiro como nação liberal, a questão da emancipação soma-se à da inferioridade dos negros quando se trata do desenvolvimento e do aperfeiçoamento dos cidadãos brasileiros.

Podemos verificar esta mescla de idéias nos dois textos analisados a seguir.

Louis Couty: a imigração

> No Brasil, não somente o preconceito de raça não existe e as uniões freqüentes entre cores diferentes têm formado uma população mestiça numerosa e importante, mas os negros livres e mestiços, estão inteiramente misturados à população branca; eles têm com ela relações íntimas e diárias e lutam pela vida nas mesmas condições. (Couty, 1881, s. p.)

Este trecho da carta enviada por Louis Couty ao senador francês Shoelder demonstra de forma bem clara as idéias que se esboçavam no Brasil pré-abolição.[11]

Couty lançou mão de argumentos que transitaram livremente no século XIX no país: o da amenidade da escravidão brasileira comparada com as crueldades vividas em outros locais e o da ausência de preconceito racial. Tentava, assim, convencer o senador de que, pelo bom tratamento vivido pelos escravos, não haveria necessidade de se criar o caos econômico no país pela abolição

---

[11] O fato de se estar discutindo a escravidão brasileira em solo francês mostra o trânsito das idéias européias em nosso país e o acesso de nossos pensadores a elas.

imediata da escravidão, que deveria, então, processar-se de forma gradativa, oferecendo tempo hábil para que tanto ex-escravos quanto cidadãos se habituassem à nova situação. Como veremos, esse tipo de raciocínio visava gerar a sensação de que, não havendo maus-tratos aos negros, havendo igualdade entre as raças, o estado lastimável em que se encontrava a população negra, liberta ou cativa, era devido, única e exclusivamente, à sua própria incapacidade e assim, caso o Brasil desejasse atingir o progresso das nações européias, deveria contar com a ajuda de uma raça mais capaz que a negra, forte pretexto para a imigração.

> O escravo, ele mesmo, nunca é considerado um animal, como um ser inferior ao qual se utiliza: é um trabalhador atado ao solo nas condições as mais das vezes mais doces do que aquelas que gozam muitos de nossos assalariados da Europa.
>
> (...) o negro aqui é tratado, bem alimentado, cuidado se está doente, conservado se está velho, tem seu descanso assegurado. É verdade, ele pode ser submetido a castigos corporais, mas os que tanto têm insistido nesse ponto, estão seguros de que estas violências, com tudo isso raras, são mais penosas nas condições onde elas se produzem do que os outros castigos também injustos, outras misérias físicas e morais tão freqüentes em nossos países civilizados? Demais, sempre. No Brasil, o negro escravo tem os meios de sair, ele mesmo, de sua condição. (Couty, 1881, pp. 8-9)

De acordo com Couty, os escravos teriam dias livres para cultivar um pedaço de terra, o qual poderiam possuir no futuro, e além disso, trabalhariam pouco. Diante desse paraíso, para que acelerar o processo da abolição? Nem os escravos a desejariam, nem era necessária tão urgentemente, embora fosse indispensável.

Louis Couty, que se considerava um abolicionista, era um médico francês de renome e veio ao Brasil, em 1874, lecionar na Escola Politécnica e, depois no Museu do Rio de Janeiro, desde 1878. Estudioso da sociedade brasileira, considera que ela era caótica, única e exclusivamente devido à escravidão. Mas seu desejo de extinguir a escravidão era tão forte quanto o de expulsar o negro do país. Escrevendo duas obras intituladas *L'esclavage au Brésil*, de 1881, e *Le Brésil en 1884*, Couty pretendia descrever o atraso brasileiro e apontar soluções para isto.

Considero que esse autor representa uma forte corrente do pensamento abolicionista nacional que primava pelo racismo e pelo desejo de transformar o Brasil a partir da implantação de mão-de-obra estrangeira.

No Brasil do século XIX, a questão da imigração era fundamental. A promessa da abolição, deflagrada após a lei Rio Branco, de 1871, colocava intelectuais e políticos diante do problema de o que fazer com o negro ex-escravo e futuro cidadão, e como integrá-lo adequadamente à sociedade brasileira. Esta temática tomou espaço nos debates, jornais, livros, na Câmara, no Senado, obrigando a tomada de partido contra ou a favor da abolição e da imigração. Desenvolvia-se, simultaneamente, o desejo do final da escravidão para o aprimoramento de técnicas mais modernas de trabalho e o medo de que a população negra liberta tomasse a nação, eliminando os brancos.

A preocupação com o futuro do país, com um progresso que seria bem-vindo, colocava em destaque as teses racistas de então, que, com todo vigor, tomavam as falas dos parlamentares e intelectuais brasileiros. Eles passavam a encarar o negro como signo de atraso do país e a considerar a imigração como única saída honrosa.

Célia Marinho de Azevedo, em seu livro *Onda negra, medo branco* (1987) nos chama a atenção para o fato de que antes de o Brasil se tornar independente, a preocupação com a homogeneização do povo, formando uma verdadeira nação, já tomava o pensamento de alguns. Cita a obra de um pensador português, de nome Antônio Velloso de Oliveira *(Memórias sobre o melhoramento da província de São Paulo, aplicável em grande parte a todas as outras Províncias do Brasil)*, oferecida a D. João VI, que incentiva a formação do povo no sentido de conhecer novos prazeres que o levasse a um amor ao trabalho pelo desejo de consumo.

Como a sociedade brasileira escravagista constituía-se de uma minoria de grandes proprietários ricos, uma maioria de escravos (cativos e fugitivos) e uma parcela de cidadãos pobres (os chamados nacionais livres), era praticamente impossível a configuração da nação brasileira que, para muitos pensadores, carecia de um povo.

Apesar de muitos afirmarem que a vida do escravo brasileiro era tranqüila, temia-se uma revolução, uma vingança do negro contra o branco. Acentuando-se o fator da grande mestiçagem, fugas e assassínio de senhores pelos escravos, começou-se a pensar em inúmeras formas de deter a crescente onda que impedisse a formação de uma nação negra no Brasil. Essas idéias alimentaram mitos que se inspiram no racismo científico europeu.

Certamente, a obra de Couty, conhecedor da biologia, foi de fundamental importância para a difusão, no Brasil, das teses racistas que transitavam pela Europa e para dar uma contribuição de peso internacional às teses imigrantistas e aos mitos sobre o país.

Para justificar a imigração seria preciso provar que:

1) o progresso do país era fundamental; 2) para ter progresso é preciso ter mão-de-obra qualificada; 3) a escravidão é sinal de atraso; 4) a população brasileira constituída, em sua maioria, por escravos, é atrasada; 5) não há mão-de-obra qualificada disponível no país.

Tendo provado essas teses, seria necessário introduzir nova mão-de-obra e extinguir a escravidão, afastando, desta forma, a influência negra. Neste ponto haverá divergências quanto à ordem a ser seguida e o tempo destinado a cada etapa desse processo.

Analisemos, agora, mais detalhadamente, o pensamento de Couty ou como via a sociedade brasileira.

Couty abre seu livro *L'esclavage au Brésil* (1881) da seguinte forma:

> O Brasil é o último grande país a escravizar: esta forma inferior de mão-de-obra aproxima-se de seu fim; mas sua transformação constitui, para esta nação, o problema mais difícil e mais urgente (...) É, portanto, útil indicar por que o Brasil tem

retardado tão longamente sua completa emancipação; é útil mostrar como este país tem feito mais pelas raças negras que a Europa ou a América do Norte; é útil, também, enumerar as razões econômicas e sociais de uma emancipação rápida e discutir as reformas e os meios práticos que será preciso aplicar. (p. 3)

O autor pretende demonstrar a razão do retardo da abolição, como vivem os negros brasileiros e as medidas necessárias para que a abolição se faça. Mas o que veremos, ao longo do texto, é uma descrição do quanto a escravidão (odiosa, não por ela mesma, mas por empregar uma mão-de-obra tão inferior quanto a dos negros) deve ser eliminada lentamente para dar tempo à chegada de uma mão-de-obra qualificada, ou seja, a dos homens europeus.

Para expor suas teses, Couty divide seu texto em três partes: na primeira, ele trata mais diretamente da vida e dos costumes do povo brasileiro; na segunda, expõe a vida produtiva do escravo comparado ao trabalhador livre ou como ambos desempenham o trabalho; na terceira, comparando perdas e ganhos, elabora uma solução para o caso brasileiro.

Antes de abordar os problemas econômicos que a escravidão pode trazer, Couty nos avisa que, para compreender melhor a situação brasileira, é preciso penetrar na evolução de seu povo e nos adverte sobre o fato de o Brasil ter sido colonizado por portugueses fanáticos e ignorantes, ávidos por riquezas, diamantes e pedras preciosas, mas que não se preocupam em estabelecer vias de comunicação no país, nem com a fertilidade do solo. Afirma, a seguir, que por causa da falta de interesse dos portugueses, há uma pequena quantidade de escravos no Brasil e que o tráfico foi feito de forma alternada, ora em grande escala ora desaparecendo para logo após ressurgir. A difícil exploração de pedras preciosas e a Independência deslocaram o interesse dos colonos da mineração para a agricultura, o que implicou demanda por mão-de-obra.

Essa descrição etnológica da história (conseqüência da colonização portuguesa) segue seu caminho. Linhas à frente, Couty nos afirma que o governo brasileiro repete os mesmos erros dos colonizadores, não facilitando o acesso dos colonos livres da Europa que seriam os únicos capazes de formar um povo e uma riqueza durável e fecunda.

A tese de que o europeu, a raça branca, é o único capaz de produzir cultura aparece ao fundo desta fala. Por que a presença de inúmeros indivíduos negros não pode ser ressaltada como fator importante na habitação do imenso território brasileiro? Porque os negros eram escravos e a escravidão degrada definitivamente o homem. O problema do povoamento também se esboça como preâmbulo da idéia de que no Brasil não havia povo. Veremos, mais adiante, o que esta afirmação significava exatamente.

Caso o Brasil tivesse sido colonizado por outros países, talvez fosse mais desenvolvido, já que os portugueses são economicamente inferiores a outros povos da Europa, embora tratem seus escravos com justiça. Para Couty, os portugueses, que também eram mestiços, não apresentavam nenhuma forma de preconceito de cor, não consideravam os negros inferiores e não se importavam de viver lado a lado com eles.

A insistência no aspecto étnico demonstra claramente que, para Couty, cada etnia está determinada a construir uma história, não pelo somatório de fatores de ordem interna e externa, mas pelo seu próprio *ethos*. Os portugueses, ignorantes e fanáticos, não eram o povo adequado a colonizar um país tão rico quanto o Brasil.

O aspecto anti-racista do povo português também não é explicado senão a partir de seu *ethos*: eles teriam apreço pela negritude, não se envergonhariam em viver com mulheres negras e dividir com elas e seus filhos parte de suas economias:

> Ainda hoje o Brasil recebe a cada ano de Portugal quantidade de emigrantes que apresentam os defeitos e as qualidades dos colonos primitivos; e hoje, como há cem anos, este emigrante gosta do negro. Quem tem vindo ao Rio sabe que não é raro se ver um português do povo, carregador, jardineiro ou vendeiro

viver completamente com uma mulher de cor e deixar uma parte de suas economias para seus filhos em comum. (Couty, 1881, p. 20)

A mistura entre as raças é descrita como se o português tivesse uma propensão natural a ela e é justificada pelo fato de os portugueses serem colonos inferiores.

Da apresentação da tolerância dos portugueses para com os escravos à apresentação das vantagens desfrutadas pelos negros no Brasil, há apenas um passo. Para Couty, aqui, os escravos podiam assumir terras (mesmo que não legalmente) e comprar sua liberdade (principalmente os negros mina, vindos do Congo, tão temidos e elogiados no Brasil). Eles eram libertados com facilidade. Vários eventos (casamentos, nascimentos, festas religiosas) são descritos como motivo para sua libertação.

Comparando a situação do Brasil com a da América do Norte e das Antilhas, o autor conclui que, obviamente, é compreensível que lá haja um esforço maior pela abolição, visto que o tratamento dado aos escravos é violento, em razão do preconceito racial que reina nessas terras.

Para ele, naqueles países o negro era tratado como um pária, o que não ocorreria no Brasil.

O Brasil, mais uma vez, seria retratado como um paraíso oposto ao inferno, à guerra, à intolerância, ao preconceito reinantes ao norte do Equador.

Podemos notar que Couty elabora suas teses de forma bipolar, considerando, por um lado, o fator étnico e, por outro, o fator socioeconômico. Deste modo pode afirmar que a situação agrícola brasileira, completamente atada ao trabalho escravo, oferece uma resistência infinita ao desenvolvimento do país.[12]

Após ter reafirmado a existência do paraíso, Couty alerta seus leitores para um fator que pode perturbar a paz reinante: a imediata abolição da escravidão.

---

[12] É interessante notar como o autor se esquiva de fazer críticas diretas ao trabalhador negro, como se fosse preciso, primeiramente, demonstrar como o negro brasileiro é feliz para depois apresentar o ônus de sua presença no solo nacional.

Citando, mais uma vez, França, Inglaterra e América do Norte como exemplos de abolições feitas de maneira abrupta, Couty elogia o caso brasileiro, em que a abolição está sendo preparada de modo a não gerar problemas futuros. Se formos pensar no que ocorreu no Haiti e na América do Norte, podemos verificar que o negro emancipado perdeu sua utilidade devido ao aproveitamento de trabalhadores de uma outra raça. Segundo o autor, no Brasil, o planejamento da abolição possibilita a transformação do negro, de trabalhador escravo em trabalhador livre. Ainda mais tendo-se em vista que o Brasil não possui uma atividade industrial (como possuíam os Estados Unidos da América) que possa compensar uma interrupção do trabalho agrícola propiciada por uma abolição repentina.[13]

O autor, entretanto, não deixa de fazer referências à presença de imigrantes europeus que, tomando o lugar dos escravos, propiciaram o avanço de certas regiões na América do Norte.

Pelo exemplo de como a economia americana estabilizou-se com o emprego da mão-de-obra estrangeira, Couty inicia um novo movimento de seu texto, que será a argumentação em prol da gradativa abolição.

Segundo ele, a recuperação dos EUA foi devida ao processo industrial que havia no norte do país e à incorporação dos colonos europeus que, por sua atividade, não deixaram a agricultura sucumbir. Desprovido de produção industrial e dependente da atividade agrícola, que apenas utiliza a mão-de-obra escrava, como o Brasil, seguindo o exemplo das nações européias e norte-americana, pretende libertar sua única fonte atual de sustentação econômica?

Os trabalhadores livres do Brasil não podem arcar com a demanda de mão-de-obra que será necessária após a abolição e, aos imigrantes, não se têm oferecido condições apropriadas à sua transferência para o país. Suprimir a escravidão é implantar o caos econômico na nação.

---

[13] Para Couty, as condições geológicas e as físico-químicas do Brasil transformaram-no, naturalmente, num país agrícola.

Obviamente, Couty não tencionava passar por um reacionário que fechava os olhos aos problemas sofridos pelos escravos, sacrificando vidas humanas para salvar a economia. Diante dos debates que se travavam na época, seria temerário tomar uma atitude assim. Seria preciso provar que a questão econômica era prioritária, visto que a humanitária já havia sido resolvida. Daí a necessidade premente de demonstrar a inexistência de preconceito racial no Brasil que, por ser o único país que favorecia a vida dos escravos, não necessitava agir da mesma forma que outros países, onde reinava a discriminação: no Brasil, os negros bem tratados poderiam aguardar um pouco mais sua emancipação.

A questão não se coloca mais sob o terreno humanitário, ou sobre este terreno ela já foi totalmente resolvida em condições tão favoráveis ao negro que nenhuma outra nação pode realizar algo semelhante. Não há aqui mais nenhuma emancipação a se fazer nos costumes, hábito ou nos preconceitos sociais, e o Brasil tem cumprido isto que outros povos ditos mais avançados ainda nem puderam pensar: igualou-se o negro e os outros homens livres, ele uniu-se e misturou-se aos elementos brancos para procurar formar um povo homogêneo e bem unido. (Couty, 1881, pp. 32-33)

Encontramos aqui uma aparente contradição. Momentos atrás, Couty afirmava que somente os europeus seriam capazes de oferecer elementos para formar um povo e uma cultura no país. Agora, acrescenta que há um povo homogêneo em formação, oriundo da mistura entre negros e brancos. Afinal, haveria ou não um povo no Brasil?

Veremos a seguir como essa tese da homogeneidade, de unidade do povo brasileiro vai ser abandonada diante da tese mais forte de que no Brasil não há povo.

Deslocada do terreno humanitário para o econômico, a questão principal deixa de ser a abolição ou não da escravidão, para ser como recolocar os ex-escravos na esfera produtiva, ou seja, como organizar a mão-de-obra livre.

Isto ocorreria através de uma série de medidas oficiais ou que deveriam ser oficializadas e que demonstravam a possibilidade de um processo facultativo da abolição. Essas medidas eram: permitir que um escravo pudesse, com seu próprio trabalho, comprar sua liberdade; a Lei Rio Branco; as reformas Saraiva; a formação de um fundo municipal de abolição que arrecadasse, por meio de impostos, quantidades suficientes para emancipar a todo ano um número de escravos; a formação de colônias de imigrantes no sul do país e o favorecimento de sua chegada pelo pagamento de seu transporte, oferecimento de terras e um maior subvencionamento para equilibrar o número de escravos libertos com o número de imigrantes que chegariam ao país; a criação de escolas nos campos para transformar tanto filhos de escravos quanto novos colonos em cidadãos úteis ao novo regime.

Colocada dessa forma, a abolição perde completamente sua importância, tanto para as transformações reais das relações de trabalho, quanto para que se verifique, de fato, a emancipação dos escravos. Para Couty, todas as providências estatais visam a favorecer o escravo. Garantida então a gradativa emancipação dos escravos, há que se cuidar da sorte dos colonos europeus.

Percebe-se, dessa forma, por que Couty afirmou anteriormente que o problema humanitário estava resolvido. Segundo ele, a inexistência de preconceito racial por parte dos portugueses e a doçura da escravidão praticada no Brasil resultaram em medidas benéficas ao escravo.

Por que o problema humanitário estava resolvido? Porque, em primeiro lugar, não havia preconceito racial; em segundo, a escravidão era tênue e o escravo bem tratado; e, por último, a legislação garantia a libertação gradual e organizada de todos os escravos.

Entretanto, o problema econômico ainda não estava resolvido porque o povo brasileiro, que estava em formação, não possuía cultura e tecnologia suficientes para reverter os danos que os anos de sistema de produção agrícola escravista haviam gerado.

Apresentadas dessa maneira, não parece haver contradição alguma entre as duas afirmações (a de que no Brasil não há povo, seguida da que considera a formação do povo brasileiro). A formação do povo brasileiro era exatamente proporcional à instalação de imigrantes europeus no país.

Contudo, é interessante observar que, enquanto o escravo deveria pagar com trabalho por sua liberdade, aos imigrantes seriam oferecidas inúmeras vantagens para que habitassem o país. Mesmo assim, os imigrantes deveriam ser submetidos a uma educação escolar que os tornasse úteis e produtivos ao país.

A imigração somente era mais vantajosa do que a abolição porque oferecia o que os escravos e ex-escravos jamais poderiam oferecer: o verniz branco europeu e industrial pelo qual o país tanto almejava.

De forma bem sutil, Couty vai mudando o foco da escravidão para centralizar o da imigração. A escravidão não pode ser problema num país que prima pela igualdade; e a emancipação dos escravos vai ocorrer mais cedo ou mais tarde, a lei garantiria isso. Seu discurso é construído de modo a descaracterizar os horrores do cativeiro ao mesmo tempo em que narra os horrores da abolição.

Num segundo momento, Couty demonstra a importância do trabalho estrangeiro contraposto à inutilidade do trabalho escravo.

Couty inicia a segunda parte de seu texto com a seguinte frase: "O europeu que chega a uma cidade do Brasil, Rio de Janeiro por exemplo, é levado a ver como o serviço doméstico de uma família é custoso e imperfeito" (1881, pp. 32-33).

Tentando descrever como os escravos realizam os seus afazeres domésticos, ele mostra como esse trabalho, malfeito, é oneroso ao senhor, o que não ocorreria com o trabalho de um empregado livre que, apesar de ser pago, ofereceria melhor qualidade. O gasto com escravos no Brasil assusta Couty, que vê nisso um mau hábito, tendo-se em vista a qualidade do trabalho apresentado. Para ele, um senhor não pode esperar que seu escravo realize bem qualquer trabalho. O dever da obediência imediata por parte dos escravos não implica o fato de que o trabalho tenha uma boa qualidade. O escravo sabe que quem ganha com seu esforço é o senhor e não ele; sabe que sempre será alimentada e terá sua saúde garantida porque "sem esforços e sem luta individual, ele tem assegurado o amanhã porque ele representa um capital e não um indivíduo" (idem, p. 18).

Esta consciência que, segundo Couty, os escravos brasileiros possuíam (de serem um capital e portanto não poderem ser danificados), fazia com que eles não se preocupassem com o trabalho efetuado, muitas vezes sentindo-se no direito de nada fazer. Nem os castigos corporais os assustavam. O escravo da cidade detinha-se apenas diante da ameaça de ser transferido para o campo. Já o servidor livre sabia que se não efetuasse bem o seu trabalho seria demitido e morreria de fome.

E é esta, exatamente, a questão que preocupa Couty: o escravo, sendo propriedade e capital, jamais investiria no aprimoramento de qualquer produto de seu trabalho. Ele era um valor em si mesmo. Para ocorrer a mudança social e econômica desejada por Couty seria preciso que o indivíduo só representasse um valor na medida em que tivesse a liberdade para produzir outros valores e que sua saúde, alimentação e bem-estar dependessem disso.

Caracterizando o trabalho escravo como inferior ao trabalho livre, tanto no campo quanto na cidade, por falta de técnicas agrícolas ou de vontade, Couty acrescenta que a inferioridade da mão-de-obra, por oferecer um produto também inferior, transmite uma imagem negativa do país. Um custo muito alto para um trabalho que a princípio propunha-se como muito lucrativo.

Quando vai tratar do trabalho industrial, aí então a inferioridade do trabalho do escravo é descrita como incomensurável.

Todas essas razões falam por si mesmas: a abolição desta forma de trabalho é indispensável. Mas, em vez de apontar as maneiras para que esse fato aconteça, Couty segue demonstrando como as regiões onde o trabalhador europeu se destaca são mais desenvolvidas. Considera que o Brasil, país fértil e rico, corre o risco de ser ultrapassado por nações mais pobres, mas que utilizam mão-de-obra mais qualificada.

Se, a princípio, Couty apresentou as relações raciais no Brasil de forma não conflituosa, favorável aos escravos, nesta segunda parte, ele revela, gradativamente, que é na realização do trabalho que se operam as desigualdades.

O trabalho escravo é inferior não por obra e graça do processo escravista, mas pela inabilidade do próprio escravo. É este, e não a escravidão, que deve ser suprimido.

Essa abordagem parece deixar clara a verdadeira preocupação de Couty. Com sua leitura etnológica da história e da sociedade, ele apenas deseja efetivar os anseios daqueles que fundamentavam o racismo de então, deixar que a raça superior (branca), capaz de cultura, sobreponha-se às raças inferiores e possa levar a nação ao brilho e ao progresso. Se o Brasil é desvalorizado pelos danos causados pelo trabalho escravo, cabe a ele neutralizar a ação dos escravos. A preocupação única e exclusiva de substituir o escravo pelo trabalhador branco faz-se presente na sugestão prática de permitir que o escravo inútil, inapto, oneroso pague por sua própria liberdade e depois fique à sua própria sorte, enquanto ao trabalhador branco seja oferecida toda infra-estrutura necessária à sua fixação.

Caberá à terceira e última parte do texto de Couty a demonstração do que ele considera o caráter do negro e dos escravos brasileiros:

> Os partidários das teorias da completa igualdade entre as raças negras e brancas crêem possível a brusca transformação de escravo em trabalhador livre, e nos campos ingleses como nos campos franceses, eles manifestam clara esperança de ver o liberto tornando-se, imediatamente, um trabalhador ativo e útil.
>
> (...) Se, no lugar de seis milhões de habitantes apáticos e sem necessidades, o Brasil já contasse com seis milhões de trabalhadores livres e ativos, seria fácil a este país desprovido de preconceitos de raça, suprimir seus escravos. (Idem, p. 63)

A possibilidade de contar com assalariados negros livres foi totalmente descartada e o restante do povo brasileiro parece não ter uma boa imagem para o autor. Para ele, o único empecilho para a abolição é a inexistência de um povo capaz no país, tendo-se de aguardar a chegada de alguém que preencha esse requisito. Não podemos nos esquecer que, no começo de sua obra, Couty desqualificou o povo brasileiro, colonizado por portugueses que correspondiam à escória européia. Desta forma, como esperar muito dos brasileiros, descendentes de portugueses, índios, negros e mestiços?

Couty recorre a teóricos do racismo científico para afirmar que uma mudança radical de escravo inútil em homem livre útil seria impossível. A escravidão teria degradado o homem definitivamente, já não fosse o negro desde sempre degradado. Para dar mais sustentação à sua tese, Couty põe-se a fazer uma análise minuciosa da população brasileira naquele momento e suas diversas composições raciais.

Primeiramente argumenta sobre a raça indígena que, por ser ativa em algumas horas e possuir qualidades como a honestidade, proporcionaria (através da miscigenação) bons frutos para a população. Entretanto, não ofereceria mão-de-obra regular, pois não se pode transformar um índio num trabalhador livre.

Quanto à raça negra, uma série de outros argumentos de cunho racista aparecerão.

Couty cita exemplos de aprisionamento de pessoas negras na África, que eram vendidas como escravas por familiares ou por chefes militares e passa, a partir daí, a demonstrar a degradação existente mesmo entre os povos negros livres:

> o estudo de suas sociedades embrionárias, passageiras, mal agregadas, sem indústrias e sem produção, como o estudo de seus cérebros ou de seus crânios, não é isso suficiente para responder àqueles que fazem teorias sociais com palavras vagas ou com idéias a priori? (Idem, p. 68)

Contra os humanistas que condenam a escravidão, o autor apresenta fatos que provam, segundo ele, a melhoria da condição da vida dos negros no Brasil. Como exemplo cita o caso do filho do rei do Congo que foi aprisionado e vendido como escravo. Chegando ao Brasil demorou a entender sua situação, mas após alguns anos de servidão num país civilizado, não pôde compreender quando, já velho, tornou-se livre e deveria servir como um membro ativo à sociedade. Os humanistas lutam por dar aos negros uma liberdade que eles mesmos não desejavam e pouco fazem para conquistar.

O desejo da liberdade não leva o escravo ao trabalho nas cidades, nos campos ou em parte alguma:

> o negro, no Brasil, não quer senão uma facilidade, senão um direito que é o de não fazer nada.
>
> É preciso ter a coragem de reconhecer os fatos exatos (...) o negro escravo é sempre um grande preguiçoso e esta preguiça faz o insucesso de todas as relações individuais e sociais. (Idem, p. 72)

A preguiça do escravo é sinal da vivência de sua evolução primitiva, que considera todo labor como uma punição e verifica-se em toda atividade que ele desenvolve. Qual seria uma outra função, um outro lugar que um ser preguiçoso e inútil que nem ao menos é capaz de lutar por sua liberdade poderia ocupar na ordem social? O negro jamais poderia ser um trabalhador livre, jamais teria lugar em uma sociedade na qual o esforço e o mérito pessoal determinassem a posição de cada um. A preguiça natural do negro o destina à servidão.

Segundo Couty, esse defeito de desenvolvimento encontra-se em todos os lados da inteligência do escravo, que não possui nenhuma noção de propriedade ou de família, sendo que alguns senhores têm de obrigá-los a uma vida mais familiar. Mulheres escravas matam seus esposos com ervas venenosas para se casar novamente e não têm precauções para se entregar aos senhores que possam querê-las.

> Este conjunto de precauções restritivas necessárias para impor uma reforma tanto moral quanto útil explica por que muitos dos proprietários têm acreditado mais simples não interferir. Nas aglomerações das fazendas, os dois sexos ficam misturados duas a três horas a cada noite, e nas cidades, para os escravos isolados, não se consegue exercer nenhuma vigilância. Desta forma, a maior parte dos filhos dos escravos não tem senão um parente conhecido, a mãe, e esta teria muito embaraço para completar um estado civil exato.
>
> As relações sexuais não têm metade da importância que nós lhes atribuímos; e os romances enternecedores que têm sido escritos, os discursos patéticos que têm sido feitos para lamentar a jovem escrava submetida aos caprichos e às brutalidades de um ousado senhor, assombrariam consideravelmente todas as negras do Brasil. (Idem, p. 75)

A religião africana também é condenada. Para o autor a maioria dos escravos nasce, vive e morre sem ter nenhum contato com o divino.

É a partir deste trecho, no qual Couty propõe falar mais profundamente de alguns aspectos para ele inquietantes, que desenvolve sua teoria do que seria o negro.

Couty acredita que o comportamento dos negros é contraditório e explica essa contradição pelo fato de a maior parte deles, mesmo quando adultos, apresentar as características das crianças brancas em fase de formação, por isso teriam seus sentidos inferiores bem desenvolvidos, ao contrário do intelecto:

> O negro ama o tabaco, o arroz o mais bem cozido, ele adora as coisas doces, a rapadura, mas o que ama acima de tudo é a cachaça (...) Para ter a cachaça, ele rouba, para ter a cachaça, ele se arriscará na noite; ele sacrifica mais a esta paixão do que à liberdade ela mesma. (Idem, p. 77)

Como poderia tal homem, que prefere o vício à liberdade, servir ao progresso da nação?

O gosto do negro é inferior, prefere as coisas visíveis e coloridas, prefere a fanfarra à grande orquestra. Como crianças, os negros são sensíveis aos castigos corporais a que devem ser submetidos vez por outra para não se rebelarem, pois o negro que nunca é castigado é aquele que se revolta.

A descrição do comportamento do escravo como próximo ao do animal ou como semelhante ao de uma criança mal adaptada à sociedade atesta, definitivamente, a inferioridade racial do negro. Esses elementos não são apresentados de forma a relacionar o processo de escravidão à conduta do negro escravo, ao contrário, eles reforçam a idéia de que a condição de existência do negro só é adequada à escravidão. Antes de fazer sugestões para a libertação do escravo, Couty propõe formas de mantê-los disciplinados e servis até que possam ser execrados da sociedade brasileira. Os negros acreditam ter direito àquilo que lhes foi prometido, mas são incapazes de sentidos profundos e resoluções duráveis, podendo ser facilmente logrados. Mesmo que no momento de fúria matem um feitor, isso não significa que não possam ser reaproveitados num outro campo de trabalho, pois essa fúria é passageira. Portanto, caberia concluir: não há que se temer que o processo de escravidão gere muitas revoltas, há que se tratar os negros de forma adequada levando-se em conta esses fatores para que não aconteçam distúrbios.

Ao mesmo tempo que o autor oferece novos recursos para a compreensão e domesticação do escravo, ele tenta provar que as características intelectuais e morais dos negros, ligadas a suas características étnicas e sociológicas, não podem ser alteradas rapidamente. Correspondem ao primeiro estágio da evolução dos homens e haveria necessidade de se aguardar várias gerações para vê-las se modificar.

O Brasil não pode esperar. E de que valeria dar aos negros direitos, os quais não saberiam usar? É preciso mudar lentamente a sociedade, escravos e feitores, para que se possa exercer adequadamente deveres e direitos. Não é a liberdade que pode transformar o escravo em cidadão útil. Se os anos de cativeiro, junto aos senhores preocupados em transmitir a seus escravos noções morais, não foram capazes de transformá-los, se nem castigos corporais puderam fazê-lo, por que o poderia a liberdade?

Para dar desfecho à sua tese, Couty investiga a vida dos negros libertos, seus descendentes e do povo brasileiro de uma maneira geral:

> A população livre consta quase um milhão e quinhentos mil negros e talvez duas vezes este tanto de mestiços. Entre os negros mais puros, os melhores são carpinteiros, carregadores, domésticos, vendeiros; mas um grande número são pouco úteis, refugiados nos bosques e nas zonas não habitadas, muito distantes, e não há mil que forneçam um trabalho agrícola ou industrial regular. Tomemos a questão mais ampla e estudemos o conjunto da população. A situação funcional desta população pode se resumir em uma palavra: o Brasil não tem povo. Dos seus doze milhões de habitantes, um milhão são de índios inúteis e um milhão e meio são escravos. Resta perto de nove milhões dos quais quinhentos mil pertencem a famílias proprietárias de escravos: são fazendeiros, advogados, médicos, empregados, administradores, comerciantes. Mas entre esta classe dirigente e os escravos utilizados por ela, o lugar não está suficientemente preenchido. Seis milhões de habitantes, ao menos, nascem, vegetam e morrem sem ter servido seu país. Nos campos, eles serão capangas, capoeiras ou simplesmente preguiçosos e bêbados. Capazes, apenas, de trabalhos penosos, como o do cultivo ou da condução de tropas, eles não têm nem idéia de economia nem de trabalho regular. Os mais inteligentes, os mais ativos, sejam dois milhões talvez, serão comerciantes ou empregados, domésticos ou artesãos; mas em nenhuma parte se encontrarão massas fortemente organizadas de produtores agrícolas ou industriais que, nos povos civilizados, são a base de toda a riqueza, como também não se encontrarão massas de eleitores que saibam pensar e votar, capazes de impor ao governo uma direção definida. (Idem, pp. 86-87)

Se no início do texto, Couty apresenta os brasileiros como um grupo unido, camarada e tolerante, agora revela o que para ele é o verdadeiro caráter dos nacionais: preguiçosos e vagabundos, inúteis e incapazes. O argumento da inexistência de um povo é fundamental para a concepção de todo imigrantista. O povo é o povo europeu, no Brasil não havia europeus. O que havia no Brasil eram pessoas incapazes de se organizar, de produzir riquezas, de oferecer ao país uma direção definida... pessoas que não sabiam pensar nem votar. Nota-se que a definição do que é o povo para esse autor não é muito diferente daquela apresentada capítulos atrás para definir o homem. É a mesma razão que mede e estabelece os critérios de civilidade, humanidade, racionalidade.

"Preocupado" com o futuro do país, Couty apresenta os motivos de não se utilizar o negro no processo de povoamento. O povoamento através do negro não deu certo, a pequena população do país, já se observou, não é produtiva. Contar apenas com o negro é dar continuidade a esse processo de degeneração por seu caráter primitivo. De qualquer modo, a população negra vem se multiplicando dentro do país (cita como exemplo o número de negros e mestiços existentes na Bahia). O autor nos adverte de que o negro, embora inútil para as necessidades de povoamento atuais, guardará grande importância sociológica no futuro, pois apesar de seu caráter infantil, possui algumas qualidades como o desejo de imitar o senhor.

A preocupação com o branqueamento dos negros tanto pela imitação dos senhores, quanto pela mestiçagem se faz presente. Para Couty, o mestiço, ao contrário do caráter inferior do negro, pode alçar posições mais elevadas tornando-se útil socialmente.

Segundo ele, tudo o que já foi escrito sobre negros e mestiços revela que:

> o negro ou o mestiço são mais aptos a realizar certas funções sociais, por exemplo, as que Spencer tão bem reuniu sob o nome de funções distribuitivas ou funções de relação. Mas são inábeis para funções mais importantes, funções de produção que demandam um trabalho seguido e regular.
>
> O Brasil (...) o que lhe falta são trabalhadores manuais, ativos, capazes de um trabalho seguido e inteligente, são cidadãos li-

vres, proprietários de um solo que sejam capazes de cultivar; são homens de iniciativa constante e de luta perpétua que criem uma cultura e uma economia da qual dependeriam a riqueza e a indústria nacional. O Brasil não tem esses produtores, e não os pode criar rapidamente com seus elementos atuais, para que possa utilizar suas imensas riquezas naturais ou simplesmente para substituir os escravos que vão faltar, é preciso que eles sejam trazidos da Europa. A colonização por escravos produziu todas as dificuldades atuais e já não é sem tempo que se faça a colonização com o homem livre. (Couty, 1881, pp. 89-90)

Percebe-se como Couty representa a mescla perfeita das idéias do Iluminismo com as do Liberalismo. Seus argumentos transitam e se apóiam ora nas teses da necessidade do progresso, da civilidade como sinais de superioridade, da liberdade e teorias do direito natural, ora recorrem à defesa da propriedade e do trabalho livre como única saída para o avanço das sociedades e como única forma de sobrevivência daqueles que são, por natureza, dignos.

Contudo, sendo um autor do século XIX, também não está alheio às teorias positivistas e evolucionistas como as presentes nas teorias de Herbert Spencer (que foi citado por ele). De acordo com estas teorias, qual seria o lugar do negro e do mestiço na sociedade brasileira?

Os argumentos da ciência evolucionista, do darwinismo social, da frenologia já foram apresentados nos capítulos anteriores, os resultados desta investigação "científica" sobre o negro brasileiro pode ser resumido segundo as próprias palavras de Couty: os negros não têm habilidade para trabalhos que requerem um esforço contínuo, regular e inteligente. Obviamente, como o Brasil é um país mestiço (o próprio autor se empenhou em demonstrar isso), somente a imigração ou colonização por europeus impediria a derrocada nacional.

Os europeus, já habituados ao processo de industrialização, seriam capazes de gerar os lucros que os nacionais, preocupados antes com a sobrevivência do que com o excedente de produção, não fariam. É preciso, portanto, europeizar o Brasil.

Assim, Couty mistura os ingredientes responsáveis pela elaboração dos mais intrincados estereótipos acerca do povo negro e do povo brasileiro de uma forma geral.

O desejo do branqueamento

Acredito que a frase "Como já dissemos e repetimos, as dificuldades atuais provêm do escravo, mau trabalhador que não pode se desenvolver; e por isso somos abolicionistas" (Couty, 1984, p. 191), conclua o caráter abolicionista de Louis Couty e o porquê de, ao redor de sua teoria, circularem conceitos racistas que, difundidos na sociedade brasileira, terão conseqüências desastrosas até nossos dias.

Tanto Couty quanto Gobineau e muitos outros encontraram no Brasil um solo fértil para a comprovação das teorias biológicas de então. Era aqui o melhor local para se comprovar que a raça negra era inferior, pois o Brasil ainda não havia alcançado sua independência econômica.

Vimos que, de fato, o país encontrava-se numa situação difícil, sendo um dos últimos países a manter o regime escravista. Havia o problema do como ingressar tardiamente na era industrial sem destruir a economia nacional baseada no trabalho agrícola e nas grandes propriedades.

Se a questão fosse assim colocada, as alternativas viáveis seriam destruir os latifúndios e os vícios ligados a eles, revogar o trabalho escravo e propiciar a arregimentação dos ex-escravos como trabalhadores livres. Mas, como podemos verificar, principalmente no discurso de Couty, as noções de progresso e desenvolvimento não se dissociavam das noções de seleção étnica. As dificuldades dos países diante da herança colonial não foram encaradas, mas camufladas. Não se discutia, de fato, o antigo regime, mas os antigos escravos, não havia a preocupação com a mudança das formas de produção econômica, mas com a modificação dos antigos produtores.

Essa maneira de encarar o problema social, político e econômico impregnou-se de tal forma no pensamento da época que era quase impossível encontrar indivíduos que não compartilhassem dela.

O anseio de uma onda branca (imigrantes) para combater a presença negra explicitava-se nos discursos da Assembléia, nos textos de jornais, nas obras literárias e "filosóficas".

Não é de se estranhar a forma distorcida como André Rebouças, abolicionista, via a questão social do negro.

Nascido na Bahia no ano de 1838, Rebouças era mestiço de negro e branco. Tentando vorazmente aprender sobre a cultura de sua época, põe-se a devorar informações e experiências que lhe possibilitassem ingressar mais facilmente no mundo que a sua condição de negro e pobre previamente excluíra. Mas, ao participar da política do Império, aliou-se aos inimigos dos negros, aqueles que o encaravam (ou os negros de modo geral) como inferior. Desta forma, Rebouças alcançou as boas graças do imperador Pedro II e pôde, pelos cargos obtidos e uma maior facilidade de circulação no meio cultural, aprimorar sua formação na Europa. Tornou-se, assim, um perfeito cavalheiro de sua época, bem dotado e capaz de transitar entre a elite branca.

Mas o que chama a atenção na história desse pensador é que, como negro, tendo a possibilidade de participar diretamente da transformação da mentalidade racista que circulava nos meios brancos, ao contrário, identificou-se a ela e afastou-se de todos os valores que pudessem identificá-lo como descendente de africanos. Tratou o problema da escravidão como algo que só lhe dizia respeito por questão de princípios ou de opção. Assim nos demonstra Leo Spitzer em seu artigo sobre André Rebouças:

> Em seus primeiros diários, usava, habitualmente, dos termos "o negro" e "o preto", referindo-se também com indiferença quando tratava das classes baixas afro-brasileiras, o que talvez refletisse, por essa época de sua vida, um desejo de distanciar-se da ralé, tanto racial quando socialmente. (1980, p. 41)

Entretanto, sendo negro, Rebouças também era perseguido e discriminado e sua inteligência e capacidade de trabalho não atenuavam, como ele poderia desejar, esse fator. Mas a amizade de alguns homens ilustres da época, como o Visconde de Taunay e como o próprio imperador, fizeram com que ele pudesse ter acesso às rodas sociais e a alguns bons postos profissionais.

Vários fatores levaram Rebouças a se engajar, paulatinamente, na luta abolicionista e, após essa e o término do Império, a se identificar como cidadão negro.

O caso Rebouças torna-se importante para nós, na medida em que explicita a dificuldade de resistência à ideologia racista fundamentada nos valores científicos e filosóficos que cobriam o país.

Contudo, seria simples demais considerar André Rebouças um mero alienado. Seria ele um negro que desconheceria suas origens, negaria o estado social dos demais negros e se afastaria deles? Teria sucumbido, integralmente, à persuasão da ideologia racista?

A leitura de Leo Spitzer nos conduz a dizer sim a todas essas perguntas. Contudo, a complexidade da questão racial no Brasil nos obriga a dizer um sim com algumas ressalvas. Por quê?

Afirmar que Rebouças foi um negro que simplesmente negou sua negritude sucumbindo à ideologia é dizer pouco.

Certamente, como todos os cidadãos negros e/ou mestiços da época, que fizeram dos salões brancos seu lugar de preferência, André Rebouças foi discriminado. Pensemos que as opções de que ele dispunha, assim como tantos outros negros livres ou libertos da virada do século, era tentar não ser negro como condição *sine qua non* para ser considerado homem e pensante ou assumir-se negro, bradando contra os preconceitos e ser, imediatamente, barrado entre a intelectualidade tupiniquim. Ora, vimos que os estereótipos afirmavam a incapacidade intelectual dos negros e Rebouças, intelectual, não queria pertencer aos círculos dos "não-pensantes". Assim, das duas uma: ou se era inteligente, refinado e superior, portanto não se era negro; ou, sendo negro, automaticamente não se poderia ser refinado, inteligente e superior. Rebouças fez a primeira "opção".

Seu distanciamento da população negra, aliando-se contra ela, coloca-o no vácuo que torna impossível para ele ser totalmente aceito quer entre os brancos (afinal, não era branco), quer entre os negros, dos quais se mantinha afastado. Este vácuo, certamente incômodo, possibilitou sua existência (que Spitzer definiu como entre dois mundos).

A "opção" de Rebouças foi por trafegar entre os estereótipos tentando aderir ora a um ora a outro, fugir ora de um ora de outro como estratégia de sobrevivência; optou por tentar vagar entre os preconceitos. Obviamente, isto não é agradável, é o espaço daquele que não tem lugar, referências ou repouso; é o inferno daquele que se nega para se afirmar.

Mas se, por um lado, o inferno pessoal de Rebouças lembrava-o de sua condição de negro constantemente discriminado que tentava fingir-se não negro, por outro, o movimento de pensadores que, como Couty, apregoava o paraíso racial existente no Brasil crescia. Célia Marinho de Azevedo aponta:

> Além de assegurar a possibilidade desde já do embranquecimento da população brasileira, a imagem da ausência de preconceitos raciais permitia também a despesa da continuidade da escravidão ainda por algum tempo, até que correntes massivas de imigrantes começassem a se dirigir ao Brasil. (1987, p. 76)

Como já vimos, esta é, no fundo, a tese de Louis Couty que, sendo francês, talvez não conhecesse de forma adequada a realidade nacional e todo processo de sua formação. Mas não a conhecia Rebouças, que também compartilhou do desejo da imigração de uma raça mais inteligente e ativa para melhorar a nossa, tão pobre? Não a conhecia Nabuco que compartilhou durante um bom tempo da tese do paraíso racial brasileiro?

> A escravidão (diz Nabuco), por felicidade nossa não azedou nunca a alma do escravo contra o senhor, falando coletivamente, nem criou entre as duas raças o ódio recíproco que existe naturalmente entre opressores e oprimidos. Por esse motivo o

contato entre elas foi sempre isento de asperezas fora da escravidão, e o homem de cor achou todas as avenidas abertas diante de si. (Azevedo, 1987, p. 91)

Não restam dúvidas de que as teorias científicas raciais estavam por trás desse entusiasmo imigrantista e da crença numa igualdade que só pode ser admitida tendo-se por base uma noção de justiça que apregoa dar a cada um o que lhe é de direito segundo sua capacidade biológica.

Célia Marinho de Azevedo adverte-nos para o fato de que os primeiros emancipacionistas, preocupados com a presença dos negros, apregoavam o ódio natural entre as raças e a necessidade de uma emancipação imediata para que nos livrássemos do mal gerado por eles. Para isso, caberia educar, domesticar o negro e não faltaram propostas como as de José Bonifácio que, apesar de considerar o africano detentor de pouca capacidade mental, não recusa a hipótese de utilizá-lo como colono livre para o povoamento e progresso nacional. Já Maciel da Costa, diante da inimizade entre brancos e negros, perguntava-se o que fazer com uma raça que, apesar de receber bons trabalhos, era tão hostil. Outros, como Cezar Burlamarque, defendiam a devolução dos negros à África devido ao iminente perigo que eles representavam para a raça branca.

O medo da desagregação total da nação brasileira quer pela miscigenação com uma raça inferior quer pela simples destruição da raça branca por mãos negras ocupava a mente desses primeiros emancipacionistas. Já na geração seguinte, a dos abolicionistas, observa-se uma mudança estratégica: ao invés de cultivar o ódio entre as raças, o medo e a revolta, apregoou-se a igualdade, a harmonia, a paz. É desta forma que Joaquim Nabuco apresenta o Brasil em sua obra *O abolicionismo*.

Joaquim Nabuco: a abolição

Diferentemente de Couty, Nabuco não age com extremismo exacerbado em relação à questão do fim da escravidão e à defesa do imigrantismo. Embora enxergasse na vinda dos imigrantes a saída apropriada para o problema do povoamento e da mão-de-obra nacional, Nabuco era cauteloso e perspicaz em suas propostas, pois, como advogado e parlamentar de renome, não poderia omitir seu conhecimento das ilegalidades do sistema escravista e, como membro da elite intelectual da época e ilustre integrante da família do Império, não poderia colocar-se no lugar dos escravos e dos negros brasileiros para compreender suas adversidades, angústias e ansiedades. Como parlamentar, Nabuco preocupava-se com a extinção do sistema escravista pelas vias legais de modo a afastar qualquer outra forma de emancipação (como uma revolução nos moldes da ocorrida nos EUA). Terá de construir todo o seu argumento sobre as bases de uma teoria da ausência de preconceito racial entre brancos e negros.

A obra máxima do movimento abolicionista, referência obrigatória de todos os militantes, *O abolicionismo*, foi escrita em 1883 por um Nabuco que vivia em Londres para esclarecer, definitivamente, no que deveria consistir o movimento abolicionista brasileiro. Redigido de forma eloqüente por um homem de vasta cultura e excelente formação, o texto prima pela defesa das vias legais da abolição, deixando nas entrelinhas o medo compartilhado por todos de uma revolta da população negra. O processo de emancipação deveria transcorrer na Câmara e no Senado sem jamais ser entregue às mãos dos escravos. Ou seja, o Estado ocuparia o lugar do sujeito político.

Para isso seria necessário formular a noção de paraíso racial e distingui-la da idéia de conflito entre as classes de senhores e de escravos. Assim, compreender-se-ia que, dada a extinção do regime escravista, os conflitos de classes cederiam devido à inexistência de conflitos de raça.[14]

---

[14] A postura de Nabuco vai se transformando à medida que ele se aproxima da realidade nacional. Em obras posteriores a *O abolicionismo* verifica-se a defesa do aproveitamento dos nacionais em primeiro plano e não do imigrantismo, como nesta obra. Acredito que o fato de ela ter sido escrita em solo estrangeiro, marcada pela influência direta e constante das teorias racistas, tenha afetado a perspectiva adotada pelo autor.

O que nos interessa ao tomarmos as obras de Louis Couty e Joaquim Nabuco, um estrangeiro e outro nacional, pensadores que apesar de defenderem a mesma causa (a abolição) não partilhavam das mesmas idéias e princípios, é o fato de que, deixando de lado todas as possíveis diferenças, ambos em um dado momento defendiam a imigração como "tábua de salvação" para um Brasil povoado por uma raça inferior e propagandeavam a ausência de preconceito racial no Brasil e tudo isso apoiados nas teorias raciais de seu século. Seus argumentos contribuíram para a exclusão dos negros do processo abolicionista.

O texto de Nabuco pode ser lido de duas maneiras. Como uma avaliação jurídica e política minuciosa da escravidão, com dados extremamente sérios e relevantes para uma solução racional de um problema poucas vezes pensado de forma tão precisa. Nesse sentido, ele é de fundamental importância para a resolução da questão da produção nacional e do fim da exploração do trabalho escravo. Por outro lado, toda essa reflexão se dá norteada por conceitos racistas que, por sua vez, não podem apontar soluções satisfatórias para um povo tido naturalmente como inferior. Portanto, como matéria jurídica que avalia a ilegitimidade da escravidão é incontestável sua validade, como porta-voz dos interesses dos escravos não o é. Nabuco, sendo abolicionista e considerando o abolicionismo como o movimento que fala em nome dos escravos e dos ingênuos, assim se denominava: "o abolicionista é o advogado gratuito de duas classes sociais que, de outra forma, não teriam meios de reivindicar os seus direitos, nem consciência deles. Essas classes são: 'os escravos e os ingênuos'" (1938, p. 17). Um advogado daqueles que, de modo regular, juridicamente não teriam direito à expressão, mas também um advogado daqueles que nem ao menos conhecem seus direitos.

A sutileza do texto de Nabuco está na legítima condenação do regime escravista como símbolo de atraso e eterna subserviência. Mas como ele próprio faz questão de frisar, não é apenas a escravidão negra que ele condena e, sim, toda e qualquer forma de servilismo e o próprio estado em que a nação se encontra devido a esse sistema.

A preocupação desse autor não se limita a promover a emancipação dos escravos. Há um forte interesse pelo destino deles:

> O abolicionismo, porém, não é só isso e não se contenta com ser o advogado ex-officio da porção da raça negra ainda escravizada; não reduz a sua missão a promover e conseguir no mais breve prazo possível – o resgate dos escravos e dos ingênuos. Essa obra de reparação, vergonha ou arrependimento, como a queiram chamar – da emancipação dos actuaes escravos e seus filhos é apenas a tarefa immediata do abolicionismo. Além dessa, há outra maior, a do futuro: a de apagar todos os effeitos de um regimen que, há tres seculos, é uma escola de desmoralização e inercia, de servilismo e irresponsabilidade para a casta dos senhores, e que fez do Brasil o Paraguay da escravidão (...)
>
> Depois que os últimos escravos houverem sido arrancados ao poder sinistro que representa para a raça negra a maldição da côr, será ainda preciso desbastar, por meio de uma educação civil e seria, a lenta estratificação de trezentos annos de captiveiro, isto é, de despotismo, superstição e ignorancia. O processo natural pelo qual a Escravidão fossilizou nos seus moldes a exuberante vitalidade do nosso povo durou todo o período do crescimento, e enquanto a Nação não tiver consciencia de que lhe é indispensável adaptar a liberdade cada um dos apparelhos do seu organismo de que a escravidão se apropriou, a obra desta irá por deante, mesmo quando não haja escravos. (Nabuco, 1938, pp. 4-5)

A consciência político-social de Nabuco avança em direção ao futuro elaborando trajetos coerentes para uma nação submissa. Ele é capaz de encarar a escravidão fora dos matizes dantes traçados e não culpa a raça negra pelo atraso do país e, sim, a influência nefasta deste regime que afetou toda a população independentemente de cor e raça.

Extinguir a escravidão não era somente libertar os escravos, era livrar a nação e o povo de qualquer traço que lembre a barbárie desse sistema.

Assim como a palavra Abolicionismo, a palavra escravidão é tomada neste livro em sentido lato. Esta não significa somente a relação do escravo para com o senhor; significa muito mais: a soma do poderio, influencia, capital e clientela dos senhores todos; o feudalismo estabelecido no interior, a dependência em que o comercio, a religião, a nobreza, a industria, o Parlamento, a Corôa, o Estado enfim, se acham perante o poder agregado da minoria aristocrática, em cujas senzalas centenas de milhares de entes humanos vivem embrutecidos e moralmente mutilados pelo proprio regime a que estão sujeitos; e por último, o espírito, o princípio vital que anima a instituição toda, sobretudo no momento em que ela entra a recear pela posse imemorial em que se acha investida, espírito que ha sido em toda a historia dos paises de escravos a causa do seu atraso e da sua ruína. (Idem, p. 6)[15]

Ao falar de abolicionismo, Nabuco, assim como a maioria dos pensadores e políticos de sua época, temia a revolução e, por isso, como porta-voz dos oprimidos, acreditava ser desnecessário dirigir a propaganda abolicionista aos escravos para não "querer instillar no coração do opprimido um odio que elle não sente" (idem, p. 6). Por conceber a relação entre senhores e escravos como amena, não havia razão para suscitar tensões levando aos escravos o apelo abolicionista e a consciência de que eles viviam em estado de exploração (coisa que Nabuco acreditava que a maioria ignorasse). Como o foco do movimento não deveria ser a raça negra e sim a nação, e a reconstrução do país longe da influência do regime escravista, não parecia ser importante a par-

---

[15] Nota-se a mudança de enfoque esboçada aqui. Se para Couty o problema nacional resumia-se na entrada dos imigrantes e na sutil expulsão dos negros das esferas de influência quer política, trabalhista ou social, para Nabuco trata-se não de libertar uma nação de escravo deste mal, que antes de mais nada é encarado como uma opção política e social por um regime que antes de levar o país à glória o levou à ruína. Neste sentido a argumentação apresentada por Couty aproxima-se muito mais das teses racistas por fundamentar o atraso da nação mais em fatores étnicos do que em Nabuco, que considera os fatores políticos e econômicos nos moldes dos pensadores liberais que influenciaram José Bonifácio que, por sua vez, também era louvado por Nabuco.

ticipação dos negros que, por meio do afloramento de paixões refrea-das somente pelo medo, lançariam por terra todo o movimento com o surgir de insurreições, revoltas e até de uma guerra civil. Para Nabuco, a escravidão no Brasil deveria ser suprimida de forma diferente daquela dos EUA ou da França, deveria ser feita por lei, no Parlamento, e por isso ele e seus companheiros advogados, intelectuais eram os mais indicados para levá-la a cabo.

Nesse momento, Nabuco não se distancia tanto de Couty que, apesar de defender uma emancipação gradativa e não imediata como queria Nabuco, relegava ao poder instituído as formas de controle da emancipação pela alta taxação dos impostos sobre escravos, libertação anual de uma parcela deles, etc. Nos dois extremos da questão parece ser vital a retirada da alçada dos próprios negros do direito à luta por sua liberdade. É certo que como escravos eles não possuíam o direito dos cidadãos de se defender em júri e cobrar o cumprimento dos deveres dos senhores; todo escravo é despossuído e, como tal, apenas possui dever de obedecer, mas também é certo que não se podia, por princípio, afastar os escravos da participação do processo de sua liberdade.

Ora, o que pretendia Nabuco? Já foi dito, este autor pretendia afastar os negros do processo político da abolição convencendo-os de que, no Brasil, não havia ódio entre as raças, não havia racismo, não havia violência contra libertos e que os melhores agentes no processo de condução da emancipação dos escravos não eram eles próprios, mas uma instância neutra e livre de paixões: o poder estatal. Tanto o argumento segundo o qual no Brasil não haveria povo, utilizado por Louis Couty, quanto o da inexistência de racismo e de violência contra os escravos, utilizado por Joaquim Nabuco, servem, portanto, ao mesmo fim.

Aparentemente, Nabuco procurava uma solução para o problema da escravidão que comprometesse uma grande parcela da nação. Ao avaliar os danos gerados por este regime ao país, na esfera política e não puramente étnica, ele lograva empenhar grande número de cidadãos em sua causa, que, não preocupados com o destino dos negros (escravos ou não), ao menos interessavam-se pelo progresso de seu país. Afastando a participação dos escravos com a pregação abolicionista, da compra seguida da alforria (como muitos faziam) ou da cobertura e organização de fugas em massa de escravos, Nabuco oferecia a oportunidade de pensar numa abolição sem guerra, vantajosa, segundo ele, para senhores e escravos: "A propaganda abolicionista é dirigida contra uma instituição e não contra pessoas" (Nabuco, 1938, p. 30). Portanto, não caberia avaliar a situação dos senhores se bons e maus ou dos escravos. Não caberia também considerar o aspecto étnico, mas única e exclusivamente o aspecto político. São palavras de um pensador liberal.

Obviamente, o enfoque dado por Nabuco à questão da escravidão representou um avanço em vista dos elaborados anterior e simultaneamente a esse, mas em alguns momentos ele também parece deixar-se influenciar pelas idéias racistas presentes no século XIX.

À clareza de pensamento de Nabuco não poderiam escapar os martírios sofridos por inúmeros escravos nas senzalas ou pela exploração indigna que lhes impunham alguns senhores afoitos por lucros imediatos. Ele mesmo declara que à escravidão nada é proibido, todos os abusos estão inseridos num sistema que tem como princípio a exploração de um outro ser pela apropriação. Tanto os excessos cometidos pelos senhores quanto os contra-ataques dos escravos são previstos nessa instituição. Ora, o que esperar senão violência e atraso de algo que se baseia na submissão pela força e, por isso, é tão retrógrado? Não poderia fugir à sua compreensão, também, que processos de emancipação como os apresentados por Couty, que se fiavam na palavra de outros, eram balelas. Não se podia esperar que o governo por sua livre vontade e sem nenhum tipo de coação oferecesse a liberdade aos escravos. Nabuco sabia que tais formas de compromisso "legal" apenas camuflavam o problema, adiando ao infinito qualquer possibilidade de solução. Confiar na honra dos brancos? "A 'honra dos brancos' é a superstição de uma raça atrasada no seu desenvolvimento mental, que adora a côr pela força que esta ostenta e lhe empresta virtudes que ella por sí só não tem" (idem, p. 45). A esperança dos escravos de que sua situação se alterasse por esta forma era vã. Se a escravidão diminuía ano após ano não era pela benevolência de senhores ou do Estado e, sim, pela morte dos escravos. O que acrescentou à vida do escravo a independência da nação, outrora vista como esperança de liberdade? O que acrescentou a Lei de 28 de setembro de 1871, que acenava com a liberdade que de fato não viria? De que valeu a morte de tantos na Guerra do Paraguai? Nada.

Mas se a visão aguçada de Nabuco não se ofuscava ao falar com propriedade e abissalmente da Lei de 1871, do tráfico e de todos os elementos ilegais que constituíam o regime escravista brasileiro, ela parece obnubilar-se ao tocar no destino do negro livre. A princípio, Nabuco parece não considerar o fator étnico como importante para a avaliação dos problemas nacionais. Essa perspectiva logo se altera quando se põe a falar da imigração.

O abolicionista fundar-se-ia no horror a um regime ilegal por retirar de um homem todo o direito à posse de seu próprio ser, todo o direito à cidadania. Entretanto, ao enumerar as razões por que eles (os abolicionistas) desejam acabar com a escravidão, Nabuco aponta em primeiro lugar o fato de ela arruinar economicamente o país, pois:

> impossibilita o seu progresso material, corrompe-lhe a energia e a resolução, rebaixa a política, habitua-o ao servilismo, impede a imigração, deshonra o trabalho manual, retarda a aparição das industrias, promove a bancarrota, desvia os capitaes do seu curso natural, afasta as machinas; excita o odio entre classes, produz uma apparencia illusoria de ordem, bem estar e riqueza, a qual encobre os abysmos de anarchia moral, de miseria e destruição, que do Norte ao Sul margeiam todo o nosso futuro. (idem, pp. 112-113)

Esse argumento é composto tanto por idéias liberais que visam à construção de uma nação economicamente forte e livre quanto pelas idéias imigrantistas pautadas na crença da desqualificação do povo brasileiro. Por ressaltar que o regime escravista excita o ódio entre classes, apresenta uma outra faceta do problema: faz com que se encare o antagonismo vivido por senhores e escravos como fruto de uma política econômica e não somente como decorrências de oposições biológicas e, portanto, naturais.

Simultaneamente, Nabuco descreve a escravidão de seu tempo como algo ultrajante, em nada melhor do que a escravidão do passado. Os escravos são tratados como coisas, vêem-se anúncios de venda e de compra, de oferta pelo resgate de escravos fugitivos, de aluguel. O escravo é tão despossuído quanto sempre foi e nada há de legal que proíba isso.

> Diz-se que entre nós a escravidão é suave, e os senhores são bons. A verdade, porém, é que toda escravidão é a mesma, e quanto à bondade dos senhores esta não passa da resignação dos escravos. Quem se desse ao trabalho de fazer uma estatística dos crimes ou de escravos ou contra escravos; quem pudesse abrir um inquerito sobre a escravidão e ouvir as queixas dos que a soffrem; veria que ella no Brasil ainda hoje é tão dura, barbara e cruel, como foi em qualquer outro paíz da America. Pela sua propria natureza a escravidão é tudo isso, e quando deixa de o ser, não é porque os senhores se tornem melhores, mas, sim, porque os escravos se resignaram completamente à annullação de toda a sua personalidade.
>
> Enquanto existe a escravidão tem em si todas as barbaridades possiveis. Ella só pode ser administrada com brandura relativa quando os escravos obedecem cegamente e sujeitam-se a tudo; a menor reflexão destes, porém, desperta em toda a sua ferocidade o monstro adormecido. É que a escravidão só existe pelo terror absoluto infundido na alma do homem. (Nabuco, 1938, pp. 130-131)

A opção pela análise do regime escravista como um todo, como uma instituição que toda vez que aparece provoca os mesmos efeitos, libera Nabuco de uma preocupação específica com o negro; ele defenderia qualquer escravo, caso outra forma de escravidão surgisse. Assim, nada o impede de ao mesmo tempo defender a abolição, acusando de modo brilhante seus malefícios e encarar a população negra como uma raça inferior.

Ao fazer um estudo sobre a influência da escravidão sobre a nacionalidade, Nabuco considera que houve uma saturação do sangue africano no Brasil devido ao tráfico de escravos que, chegando aqui, como vingança contra o regime que os oprimia, geravam filhos e mais filhos negros. "Cada ventre escravo dava ao senhor tres ou quatro *crias* que elle reduzia a dinheiro, mas por sua vez multiplicavam-se, e assim os vicios do sangue africano acabavam por entrar na circulação geral do paiz" (idem, p. 143). A miscigenação entre brancos, índios e negros combinou a degradação servil de uma (a raça inferior) com a imperiosidade brutal de outra (a raça superior).

A forma como descreve o processo de colonização do Brasil, povoado pela escória portuguesa e por negros africanos, não deixa dúvida sobre a localização de Nabuco entre os muitos partidários da teoria da superioridade da raça branca. Ele acusa Portugal, que por sua sede de poder, lançou mão do processo de escravidão para colonizar o Brasil, tornado vil e pobre pela presença do sangue negro.

> Se Portugal tivesse tido no século XVI a intuição de que a escravidão é sempre um erro, e força bastante para puni-la como crime, o Brasil "não se teria tornado no que vemos"; seria ainda talvez uma colonia portuguesa, o que eu não creio, mas estaria crescendo sadio, forte e viril como o Canadá e a Austrália. (Idem, pp. 137-138)

Em alguns momentos Nabuco parece acreditar que foi a escravidão que degenerou não só a população negra como toda a população brasileira, pois obrigava o homem à degradação moral, à reprodução em cativeiro, à subserviência. Como podemos verificar neste trecho: "Em primeiro lugar, o mau elemento de população não foi a raça negra, mas essa raça reduzida ao captiveiro" (idem, pp. 138-139). Contudo, em outras passagens, esboça pensamento diferente:

> Muitas das influências da escravidão podem ser attribuidas a raça negra, ao seu desenvolvimento mental atrazado, aos seus instinctos barbaros ainda, ás suas superstições grosseiras. (Idem, pp. 140-141)

A resposta a esta aparente contradição talvez apareça algumas linhas à frente, nas quais o autor considera que se a raça negra tivesse chegado ao Brasil num outro período livre de cobiça e de escassez de população aclimatada (população branca) o que teria ocorrido em vez do abastardamento da raça mais adiantada pela mais atrasada teria sido a elevação gradativa da raça mais inferior.

Passamos então à descrição de como as cidades onde a presença da escravidão foi mais marcante apresentam aspectos de maior ruína, como foi o caso do Nordeste do país:

> As cidades, a que a presença dos governos provinciais não dá uma animação artificial, são por assim dizer mortas. Quase todas são decadentes. A capital centraliza todos os fornecimentos para o interior; é com o correspondente do Recife, da Bahia ou do Rio, que o senhor de engenho e o fazendeiro se entendem, e, assim, o commercio dos outros municípios da província é nenhum. O que se dá na Bahia e em Pernambuco, dá-se em toda a parte. A vida provincial está concentrada nas capitais, e a existência que essas levam, o pouco progresso que fazem, o lento crescimento que têm, mostram que essa centralização, longe de derramar vida, pela província, fal-a definhar. Essa falta de centros locaes é tão grande que o mappa de cada provincia poderia ser feito sem se esconder nenhuma cidade florescente, notando-se apenas as capitais. Muitas destas mesmo constam de insignificantes coleções de casas, cujo material todo, e tudo o que nellas se contem, não bastaria para formar uma cidade norte-americana de decima ordem. A vida nas outras é precaria,

falta tudo o que é bem-estar, não ha agua encanada nem illuminação a gaz, a municipalidade não tem a renda de um particular mediamente abastado, não se encontra o rudimento, o esboço sequer, dos órgãos funcionaes de uma cidade. São esses os grandes resultados da escravidão em trezentos annos. (Nabuco, 1938, p. 148)

O retrato da decadência dessas cidades nordestinas se deve à exploração do latifúndio e da agricultura, não havendo investimento na criação de infra-estrutura industrial ou citadina. Fora desses pequenos centros onde ainda há a sutil aparência de uma cidade, o Brasil é um grande vácuo de civilidade.

Contrapondo-se ao caos nordestino, o sul do país é descrito como avançado:

no Paraná, em Santa Catarina, no Rio Grande, a imigração européia infunde sangue novo nas veias do povo, reage contra a escravidão constitucional, ao passo que a originalidade das terras e a suavidade do clima abre ao trabalho livre, horizontes maiores do que teve o escravo. (Idem, pp. 151-152)

O mesmo se dá em São Paulo que, apesar de ter investido muito na compra de escravos, não depende única e exclusivamente deles para a manutenção de suas lavouras.

A população nacional não-escrava, marcada por tantos anos de escravidão, ainda não consegue ver o trabalho como algo produtivo e que não a reduzisse mais à condição de escrava.

O trabalho livre, dissipando os últimos vestigios da escravidão, abrirá o nosso paiz à immigração européia, será o annuncio de uma transformação viril, e far-nos-à entrar no caminho do crescimento organico e portanto homogeneo. O antagonismo latente das raças – a que a escravidão é uma provocação constante, e que ella não deixa morrer, por mais que isso lhe convenha – desapparecerá de todo. (Idem, p. 226)

A imigração aparece como solução para todos os problemas nacionais do mesmo modo esboçado por Couty.

Para Nabuco, a abolição por si só transformaria o negro em cidadão apesar de não resolver todos os problemas gerados por anos vividos sob esse regime. Isto nos faz questionar a aparente preocupação desse autor com o futuro do negro após a emancipação e a chegada de mão-de-obra estrangeira expressa em alguns momentos de seu texto. Como um homem tão perspicaz como Nabuco poderia não enxergar fatos que saltavam aos olhos? Como poderia não prever a marginalidade à qual estaria sendo lançada a população negra após o fim da escravatura, visto não serem mais úteis a um sistema que optou pelo europeu?

A recorrência ao europeu como saída e solução só vem provar que, mesmo aos olhos desse tão empenhado abolicionista, o negro era símbolo de atraso, inferioridade. Nabuco era um homem de seu tempo e embora não tivesse recorrido diretamente às teorias racistas vigentes para solucionar o problema social brasileiro, também não foi alheio a elas e tampouco as superou.

É instigante perguntar o que impedia Nabuco de encarar a questão social do negro no Brasil com a mesma argúcia com que se opunha à escravidão.

Os argumentos apresentados até aqui são suficientes para verificarmos que esse autor condenava uma escravidão geral, ele debatia contra uma teoria geral da escravidão de modo que pouco importava quem ou por que este ou aquele povo era ou foi escravizado. Isso significa que, para o abolicionista, a escravidão como modo de produção e alicerce de um sistema socioeconômico não era interessante. Ou seja, o cativeiro do qual o Brasil deveria livrar-se não era, necessariamente, o do povo negro, mas o do sistema escravista que aprisionava a nação.

Essa forma de interpretar a realidade permite a Joaquim Nabuco centralizar toda sua atenção na questão política e econômica, não se ocupando do destino dos negros pré e pós-abolição, furtando-se, portanto, da discussão do aspecto social que circundava a abolição.

A distância que separa o texto de José Bonifácio do texto de Nabuco, ou a proposta dos liberais preocupados com a formação da nação brasileira, daqueles que se voltavam para a República é a que permite a diferença do tratamento que esses dois autores dão à questão do negro escravo.

    Mesmo que ambos os autores estejam preocupados com a formação de um Estado liberal que implicava a existência de mão-de-obra livre, Andrada se permitia argumentos sociopolíticos que, em nome da felicidade de todos, da liberdade e da justiça, condenava os escravos à escravidão. Era possível, em 1823, condenar à escravidão sob o ponto de vista jurídico, ético, político e econômico. Já para Nabuco, a questão ética dissocia-se da política, a social sucumbe à econômica.

    Ora, no momento da formação da República do Brasil, em 1883, seis anos antes da proclamação, tudo se passava como se ao Estado, e somente a ele como instância capaz de organizar a sociedade, coubesse a ação. Dito de outra forma, parecia que a mera existência de um poder central capaz de impor leis e decretos fosse suficiente para a formação da República e da ordenação, organização da sociedade. Não havia motivo para preocupar-se com o social visto que a simples existência de um poder central eliminaria, por si só, todas as possibilidades de problemas.

    Por um lado, essa forma de política e de pensar a política evidencia a crença na existência do Estado como uma forma de poder exterior e superior à sociedade, apto, portanto, a mediar seus conflitos e interesses sem que seja necessário, em nenhum momento, ouvir os cidadãos que compõem essa mesma sociedade. Por outro lado, reflete o interesse dos abolicionistas em selecionar aqueles que deveriam compor a República, seus cidadãos de fato e de direito. Cidadãos que percebessem a importância da instituição do Estado como sujeito político e que aceitassem a inexistência de conflitos sociais.

    Os motivos são óbvios para que se perceba que os negros (livres ou não) não se enquadravam em nenhuma dessas categorias e este era mais um dos motivos pelos quais não eram os cidadãos almejados pelos abolicionistas.

O RACISMO E A RAÇA BRASILEIRA

...e os negros foram abolidos

O alastramento das teorias racistas aprimoradas no século XIX é inimaginável. Se durante a escravidão os negros já eram desprezados por serem considerados inferiores, após a Abolição esse desprezo só aumentou. Ora, se não eram inferiores, por que não progrediram como os imigrantes que chegaram aqui com tão pouco e logo tinham alcançado algum avanço? Somando-se um mito após o outro, inferioridade, vagabundagem, incompetência, foi-se esboçando o perfil do homem negro como anticidadão, como marginal. Essa visão racista – que buscava afastar negros e brancos para que não houvesse misturas, para que não houvesse maior enegrecimento do país – operava em várias esferas:

1) provar a todos de maneira sutil a inferioridade dos negros e a superioridade dos brancos;
2) atestar que no Brasil nunca houve barreiras raciais, todos eram tratados igualmente (estratégia contra possíveis revoltas);
3) gerar um sentimento de repulsa do branco pelo negro e de resignação do negro diante de sua própria inferioridade.

Essa estratégia não seria eficiente se não houvesse um grande contingente de imigrantes que se misturasse aos nacionais para embranquecer o sangue e a raça brasileira e também não funcionaria sem que o negro perdesse qualquer atrativo por sua própria raça, de modo a desejar a miscigenação. Uma idéia, aparentemente, em contradição com a exposta anteriormente, mas que evidencia o desejo de eliminar de uma forma ou de outra a presença negra no país.

Além de alienar o negro de sua própria história, apregoando o seu caráter passivo e desinteressado, o movimento abolicionista visava a infundir uma imagem invertida do mundo aos negros, para que eles tomassem como parâmetro a conduta dos homens brancos, não se opondo à forma de "integração" que lhes era oferecida.

Dessa forma, o movimento abolicionista funcionou como um grande estandarte dos interesses dos cidadãos brancos que pretendiam, de maneira racional e planejada, adequar o negro a um lugar que não gerasse incômodos à ordem emergente.

Decorre disso a despreocupação de Nabuco com a questão social ao discutir a abolição. O Estado determinaria o *status*, a posição de cada indivíduo ou grupo na sociedade e, como nenhuma nação se faz apenas com proprietários e capitalistas, seria preciso garantir, desde sempre, a existência de mão-de-obra, produtores e uma leva de trabalhadores totalmente despossuídos que estivessem disponíveis para realizar qualquer tipo de trabalho.

Sidney Chalhoub, que trata da passagem do escravismo à República, considera que os pobres e miseráveis [ex-escravos] passaram a ser tratados não apenas como desclassificados sociais (inúteis) mas também como uma ameaça. Segundo ele, nesse período, os parlamentares engendraram a idéia de que os pobres são sinônimos de classe perigosa:

> Os parlamentares reconhecem abertamente, portanto, que se deseja reprimir os miseráveis. Passam a utilizar, então o conceito de "classes perigosas", avidamente aprendido nos compêndios europeus da época. (...) Os legisladores brasileiros utilizam o termos "classes perigosas" como sinônimo de "classes pobres", e isto significa dizer que o fato de ser pobre torna o indivíduo automaticamente perigoso à sociedade. Os pobres

apresentam maior tendência à ociosidade, são cheios de vícios, menos moralizados e podem facilmente "rolar até o abismo do crime". (Chalhoub, 1986, pp. 47-48)

Nem é preciso dizer que o Estado, na República do Brasil, já nasce totalmente intrincado com os interesses das elites e marcado pela produção de excluídos.

Obviamente, os negros não eram puros marionetes dos políticos e intelectuais abolicionistas. As revoltas dos escravos, quer coletivas ou individuais, quer através das fugas ou assassinato dos senhores ou feitores eram constantes provas de rebeldia e de luta contra a escravidão.

Célia Marinho de Azevedo nos avisa da constância desses crimes ou revoltas organizadas que assolavam a província de São Paulo (e todo o país) na virada das décadas de 1860 e 1870:

> Individualmente ou em pequenos grupos, de forma premeditada ou não, eles se revoltavam e matavam, e ao invés de simplesmente fugir, como era costumeiro – internando-se em quilombos nas matas ou mesmo em agrupamentos de leprosos à beira das estradas –, começam a se apresentar espontaneamente à polícia, como se julgassem de seu direito matar quem os oprimia. (1987, p. 180)

Esse tipo de atitude era a prova de que a consciência da injustiça de tal regime crescia entre os negros, que buscavam todas as saídas possíveis para extingui-lo.

O assassinato de senhores e feitores, a recusa ao trabalho nas fazendas transportavam o palco de conflito de fora do local de produção para seu centro, demonstrando a revolta contra uma exploração injusta.

Já os anos 1880 foram marcados por incontáveis sublevações que eram apoiadas, muitas vezes, pelo povo ou por abolicionistas que preferiam a prática às contendas políticas.

Após a fuga das fazendas, os negros tentavam solucionar seu destino como homens livres de formas variadas. Havia os que ficavam pelos matos reunidos em grupos e que para sobreviver saqueavam cidades e vilas. Este parece ter sido um recurso momentâneo até que fosse encontrado o caminho para Santos, cidade em que esperavam encontrar abrigo no quilombo do Jabaquara, especialmente montado para eles a partir de 1882 por dirigentes abolicionistas preocupados com a manutenção da ordem na província. Outros insistiam em ficar nas próprias imediações das fazendas de onde haviam se retirado, exigindo sua carta de liberdade e direito de trabalho com salário. E, enquanto não conseguiam seus intentos, rondavam-na ameaçadoramente. (Idem, p. 206)

De todos os pólos surgiam novas revoltas afrontando a polícia que, por falta de pessoal, não podia conter as fugas, os assassinatos e a própria circulação de escravos fugitivos ao redor das fazendas. Tudo isso provava que o sistema escravista roía-se por dentro, não podendo mais reprimir o movimento dos escravos. Diante disso haveria duas saídas: fechar os olhos às crescentes rebeliões de escravos e correr o risco de que uma revolução acabasse por libertá-los ou tomar o movimento das mãos deles e institucionalizá-lo como se fosse um presente, um brinde aos cidadãos brasileiros. A única estratégia para a unificação nacional contra essa revolução que se formava seria apregoar, entre outras coisas, a passividade do escravo e a impossibilidade de sua revolta. Esse movimento se consagrou com a decretação legal da Abolição. Portanto não é estranho que alguns jornais abolicionistas da época não fizessem menção a esses fatores, como se nada ocorresse, preferindo descrever o movimento contra a escravidão como algo cunhado e elaborado por eles e somente com seu auxílio capaz de ser levado a cabo.

Percebe-se, dessa forma, como o social é apagado pelo político estatal e as lutas sociais descaracterizadas.

Tomemos como exemplo o caso do jornal *A Redempção*. Fundado em 1887 por um grupo liderado por Antonio Bento, promotor público, contando com o apoio de Luiz Gama, Bernardo de Campos e um grupo de caifazes organizados por ele, esse jornal basicamente servia como canal de organização do movimento desses caifazes:

> uma multidão de cocheiros, mascates, ferroviários, pequenos comerciantes, artesãos, estudantes, profissionais liberais, mulheres, menores e libertos, que em toda a província movimentavam-se para auxiliar os escravos em suas fugas. (Azevedo, 1987, p. 216)

Com esse intuito explícito, o jornal *A Redempção* era secreto, embora circulasse livremente pelas ruas da capital, tendo boa aceitação devido à sua linguagem popular. Seus redatores consideravam-no um jornal diferente dos demais por sua postura radical:

> Nos queremos a liberação imediata sem prazo para conseguila aceitamos a revolução (...) Também trataremos do progresso moral e material de nossa província. De passagem dizemos que para nós todos os homens são iguais (...) contudo procuraremos que nossa linguagem se bem que severa e enérgica seja solida e conveniente (...) A escravidão é um cancro que corroe o Brasil, o palleativo a lei Saraiva Cotegipe prolonga a enfermidade (...) Contamos com o povo e nada mais. (Apud Schwarcz, 1987, p. 89)

Tomando partido abertamente pela abolição e assumindo medidas práticas com grande vitalidade, o jornal deveria, por seu cunho e pela radicalidade de seus membros, contribuir para a veiculação de uma imagem não ideológica da escravidão. Não era, entretanto, o que se verificava. Um artigo intitulado "Immigração" publicado em duas partes em 17 e 20 de fevereiro de 1887 apresenta a idéia do liberto como aquele que *deve* ser coagido ao trabalho, ou seja, um vagabundo em potencial:

> Somos acoimados de precipitados, de incendiários, quando aconselhamos a abolição imediata da escravidão (...) Não pense o escravocrata que queremos a desordem, a vagabundagem (...).

Entendemos que o liberto que não quiser trabalhar, preferindo a vadiação e a mendicidade, deve ser coagido ao trabalho, sob as mais severas penas. (...) Portanto, a abolição imediata da escravidão é uma necessidade palpitante para o desdobramento da riqueza geral do país, precedendo-a, sem dúvida, medidas preventivas. (Apud Azevedo, 1987, p. 222)

Em outro artigo de 11 de dezembro de 1887 vemos a descrição da função dos abolicionistas como sendo a

limpeza da consciência, é o libertar aqueles a quem estão roubando e deixá-los que vão tratar de sua vida ou pagar-lhes o salário que tem direito todo aquele que trabalha: é ter sua casa, seu lar e sua família limpa da lepra negra que contamina a todos e perverte os costumes. (Idem, p. 223)

Talvez a presença, no jornal, de colaboradores variados justificasse tal contradição, mas não a atenuava, provando, mais uma vez, que o movimento abolicionista constava de todo tipo de cidadãos, dos mais conservadores aos mais liberais, dos mais racistas aos menos.

A defesa da abolição imediata não os levava, como os outros, à defesa dos cidadãos negros que, para eles também, eram acomodados e dependentes do branco como nos deixa claro o artigo de 25 de setembro de 1887:

Nós porém que temos de perto examinado os abolicionistas com quem convivemos temos observado que se há maior dedicação no abolicionismo, salvo raríssimas exceções, é sempre dos brancos.

Mesmo entre os homens educados e graduados que pertencem à raça mestiça de branco e preto, há certa negação para a causa da liberdade.

(...) grande número de mulatos e negros entendem que defender a sua raça os desdoura, porque acreditam eles que a liberdade os fez brancos e que o cativeiro é que enegrece os homens e não a cor...

A ignomínia da escravidão infiltrou-se de tal forma nessa pobre gente que muitas gerações são precisas para purificar-lhes e dar os sentimentos próprios daqueles que nunca tiveram sangue escravo.

(...) Se os mulatos e negros compreendessem seus deveres, se essa gente tivesse brio, já não haveria mais um só escravo no Brasil. (Apud Azevedo, 1987, pp. 224-225)

Obviamente, os abolicionistas eram duros em suas críticas aos negros que se afastavam do problema social que a escravidão ou a alforria trazia. Eram duros em relação a negros que não lutavam pela causa abolicionista, pouco se importando com ela. Os argumentos apontados no trecho citado acima não estão equivocados ao denunciar a falta de interesse dos negros. As perguntas inquietantes que não são feitas e que talvez nos conduzissem a uma reflexão mais aguda sobre o porquê disto ter ocorrido são: o que cada um tem a perder? O que os negros livres teriam a perder (ou a ganhar) se envolvendo na luta abolicionista e o que os brancos teriam a ganhar ou a perder? A abolição era ou não era uma luta de brancos, da elite?

Muito embora essa forma de tratar a questão possa parecer um tanto quanto utilitarista, não o é. É preciso pensar que esse ganho, ou essa perda, não são unicamente econômicos, mas que implicam segurança física e psíquica dos indivíduos; sensação, mesmo que falsa, de uma vida tranquila; estabelecimento, mesmo que ilusório, de uma identidade livre. São ilusões e sabemos que a ideologia se alimenta de ilusões.

Contudo, foram essas ilusões que possibilitaram que o processo abolicionista assumisse a face que assumiu. Por um lado, os abolicionistas, como já foi apontado, pretendiam uma abolição sem a participação do povo negro para que pudessem estabelecer, a seu bel-prazer, o seu lugar na República que se formava. Por outro lado, não seria muito mais vantajoso aos negros organizar outras formas de luta e reação formando Estados (como os diversos quilombos que foram formados) do que se inserir num processo que desde seu início tinha como objetivo excluí-los? Os negros que lutavam pela liberdade sabiam disso. A abolição nunca foi sinônimo de ganho para a população negra. Também não representava um ganho nem mesmo para aqueles que, realmente, eram alheios à liberdade dos escravos e aderiram às ilusões cujos altos custos até hoje recaem sobre seus descendentes.

Já os abolicionistas brancos nada tinham a perder ao defender um processo por meio do qual seu poder seria mais uma vez legitimado.

Por isso, o medo da desordem causada pelo elemento negro, o terror do atraso do país em relação aos outros, impedia um tratamento justo à questão do negro cativo.

Embora o jornal *A Redempção* tivesse sofrido uma brusca modificação em meados de setembro de 1887, passando a defender o emprego de mão-de-obra nacional e negra em vez da contratação de imigrante, nada nos garante que essa transformação implicasse uma mudança de perspectiva com relação ao negro. Ao contrário, poderia significar a compreensão de que não haveria "ordem e progresso" existindo simultaneamente uma massa de cidadãos desempregados e "improdutivos". A integração do negro e sua reeducação também seriam sinônimos de civilidade e de manutenção da ordem nacional. Para tanto, o jornal começa a desenvolver uma campanha pela valorização do cidadão negro, tão bom quanto o branco, prosseguindo com uma denúncia do racismo que privava o negro dos mesmos privilégios dos brancos imigrantes. Contudo, essa valorização só se tornou possível pelo recurso à mestiçagem. Seria a mestiçagem que faria do Brasil um solo próprio à igualdade entre as raças.

Dessa forma, a tentativa de se construir uma imagem positiva do negro acaba por esbarrar na miscigenação. Como poderia haver racismo num país marcado pela mistura entre as raças? O brasileiro, fruto dessa mistura constante não pode separar indivíduos pela cor. Hippólyto da Silva apresenta primeiramente essa idéia em seus versos:

> Quanto a mim que não tenho o sangue azul nas veias,
> Se um fidalgo me diz – "minha nobreza é alta!"
> E o sangue dos avós com entusiasmo exalta,
> Fingindo desprezar – com gestos de taful –
> A cor dos que não têm como ele o sangue azul,
> Eu vos posso jurar – esse fidalgo ardente
> Quer ocultar ao mundo a pele de um parente
> Cujo próximo avô nasceu n'uma cabana,
> Filho de um europeu que amou uma africana!
>
> ("Os Fidalgos", do Folhetim *Os Latifúndios*, de 4.12.1887, apud Azevedo, 1987, pp. 242-243)

Dessa forma vai-se configurando a idéia de que só poderá haver paz social se, simultaneamente à chegada do imigrante (símbolo do progresso e, portanto, indispensável), fortificar-se uma falsa idéia de valorização do negro, de mitificação de sua figura e de divulgação de uma igualdade resultante da mistura entre as raças. Era preciso fazer acreditar que apenas o embranquecimento seria uma solução plausível para negros e brancos, para que os últimos não fossem destruídos pelo enegrecimento e para que os primeiros não sucumbissem à herança nefanda que o destino os reservou: o sangue africano.

Poderíamos ainda citar inúmeros exemplos de como as teorias racistas européias se misturavam aos interesses nacionais, gerando o racismo à brasileira, tão conhecido pela falsa "complacência" com que trata os negros e mestiços.

A República e seus cidadãos

Nos jornais do século XIX, independentemente de sua configuração ideológica, não eram estranhos elogios aos positivistas, darwinistas e aos teóricos do racismo europeu.

Buscavam-se nas idéias "científicas" européias explicações para fatores corriqueiros do dia-a-dia e para fatores complexos da vida humana, produzindo artigos como estes:

> Em virtude da cirrada observação anthropollogica de sabido vallor affirma a iminente autoridade affectiva dessa raça a séculos tão cruelmente explorada em razão mesmo de seus dotes naturaes de brandura e submissão. Por certo servilismo, bem conhecemos, não é virtude mas característica amorável nós brasileiros bem conhecemos, essa fria sensibilidade, desinteressado apego de coração da raça negra. (*Correio Paulistano*, 7.6.1892, apud Schwarcz, 1987, p. 113)
>
> os escravos com todos os horrores e vícios não foram tão perniciosos como a contratação dos chineses (...) o negro só sabia ser sensual, idiota, sem a menor idéia de religião, de outra vida moral e nem sequer de justiça humana. Dançar no domingo, embriagar-se, era sua única atividade... Já os chineses são gente lasciva ao último grao, escoria acumulada de países de relachadíssimos costumes... São todos ladrões, jogadores em um grao incompreensível... Admittindo a possibilidade de introduzir esses leprosos de alma e corpo quanto gastarão o Estado de São Paulo em cárceres com o aumento da criminalidade que resultara immediata. (*Correio Paulistano*, 19.7.1892, apud Schwarcz, 1987, p. 113)

A reprodução no Brasil de todos os preconceitos europeus se dava letra por letra. A perseguição aos africanos que eram símbolos de barbárie, de decadência cultural e de inferioridade era retratada nos jornais da época de forma corriqueira entre uma e outra notícia. Lidas e relidas com certa freqüência, essas notícias, em vez de informar a população, disseminavam teorias racistas. Do escravo, artigo vendido ou comprado, ao marginal negro não havia muito espaço. O negro será retratado nos jornais: nas seções científicas, como objeto de estudo ou comprovação das teorias racistas; na seção de notícias, ora assassino, ora fugitivo, ora como um ser incapaz de viver em sociedade cometendo graves erros por ignorância, ora por suas práticas de feitiçaria ou canibalismo, ora por sua degeneração moral; na seção de anúncios, como mercadoria que se compra ou vende, procurada ou encontrada; na seção de contas, como um semi-homem com características pouco civilizadas. Não podemos nos esquecer das seções policiais e dos obituários, em que a figura do negro era uma constante: é aquele que mata e também aquele que morre de forma quase sempre violenta.

A mitologia construída ao redor da figura do negro parecia percorrer os quatro cantos da Terra, dando ares de verdade àquilo que em seu início era apenas reflexo de um medo localizado no tempo e no espaço.

Se na época próxima à Abolição poucos intelectuais buscaram defender a imagem do negro como bom e útil e condenar o racismo, já que não existia o cidadão brasileiro de sangue branco puro,[1] esse quadro se modifica após a emancipação como se, vencido o perigo da revolta, coubesse colocar o negro no seu devido lugar. As teorias racistas ganham novo vulto.

A preocupação com a nova ordem, a República, que vem substituir o Império decadente, colocava uma nova questão: que tipo de cidadão queremos para formar esta nação agora livre. Obviamente, não os escravos, pois a abolição já havia se efetuado, mas e os negros? Quais seriam as contribuições dos cidadãos negros à República?

O recurso à imigração evidencia o papel destinado aos negros na nova ordem.

Segundo Carlos Vainer (1990, p. 18), o Estado brasileiro e suas classes dominantes propiciaram o desenvolvimento de uma política racial fundamentada no ideal de uma harmonia/democracia entre as raças e no branqueamento da população. Daí facilitarem a imigração e proibirem a entrada de "indivíduos humanos" das raças de cor preta. A eugenia afirma-se como negócio do Estado: construção da nacionalidade, aperfeiçoamento da população. Oliveira Vianna foi o padrinho oficial desta idéia.

Dessa forma, mais uma vez intensificam-se debates ao redor do sujeito negro, para investigar se ele era ou não adequado à

---

[1] Obviamente, a idéia do negro degenerado também se desenvolve nessa época, mas a necessidade de conter a revolta fazia que, simultaneamente a esta, fosse sendo criada a noção de que, não havendo diferenças entre as raças, no Brasil, haveria a possibilidade de o negro se tornar um cidadão apesar de seu sangue africano.

configuração do povo brasileiro. Nesse momento destaca-se a escola racista, que tinha como grande expoente nacional Nina Rodrigues que, em seus textos, buscava fundamentar a inferioridade inata da raça negra, inapta à civilização e a qualquer forma de desenvolvimento. Para ele não havia igualdade entre as raças, e a presença da raça negra (inferior) era o atestado da morosidade do progresso da nação.

Nina Rodrigues recuperava o argumento dos imigrantistas que viam enorme perigo no enegrecimento do Brasil. O mestiço era um ser decaído por natureza. Partilhava dessa posição o jornalista Euclides da Cunha para quem

> A mistura de raças mui diversas é na maioria dos casos prejudicial (...) A mestiçagem extremada é um retrocesso, de sorte que o mestiço é quase sempre um desequilibrado. (Euclides da Cunha, Os Sertões, p. 132, apud Schwarcz, 1987, p. 223)[2]

A visão negativa sobre o negro emerge com toda a força quando se faz qualquer tipo de ameaça à supremacia branca. Finda a escravidão, o negro, em grande quantidade no país, poderia querer alçar vôo em direção aos lugares dos brancos, poderia acreditar em sua cidadania e exigir direitos iguais, poderia crer que, de fato, era livre. Toda a construção do movimento abolicionista e da própria Abolição como um movimento de brancos em favor dos negros que deveriam ser-lhes gratos, prova o interesse de que o negro fosse sempre submisso aos desejos da elite e se adequasse às suas exigências. Se a imagem do negro pacífico e passivo serviu em um dado momento à manutenção da ordem, agora fazia-se mister inverter esse quadro, demonstrando o quanto ele era nocivo e prejudicial a um país que se lançava ao desenvolvimento. Ao ressaltar o caráter selvagem e em nada propenso à civilização do negro tentava-se provar que ele jamais poderia ser um cidadão (como o branco, como o imigrante).

---

[2] De acordo com Schwarcz, Euclides da Cunha era assíduo colaborador do jornal *Província de São Paulo*, sob o pseudônimo de "Proudhon". Nesse jornal defendia suas teses sob o risco implícito à mestiçagem, inspirando-se no positivismo e no determinismo científico.

Schwarcz nos apresenta as imagens sobre o negro representadas em jornais da época:

> O negro era então representado como um indivíduo que, através de suas ações, distanciava-se dos padrões de comportamento da jovem República, o que se explicava perfeitamente a partir da delimitação de seu passado ou através da verificação de suas características raciais. (1987, p. 225)

> A descrição do negro como lascivo, libidinoso, violento, beberrão, imoral ganha as páginas dos jornais compondo a imagem de alguém em que não se pode confiar. Condenavam o samba e a capoeira como práticas selvagens e que terminavam em desordem e violência. Acusavam os negros por praticarem bruxarias, por não possuírem espírito familiar sendo as mulheres sensuais e infiéis e os maridos violentos, retratos da falta de estrutura moral, psíquica e social do negro.

> As mulheres negras, segundo as notícias dos jornais, não só matavam suas crianças como também seus maridos e amantes "por motivos passionais" (confirmando nesse sentido a velha representação da "crioula sensual"). Assim, títulos como "O desaparecimento da crioula" (*Província de São Paulo*, 9 de agosto de 1889) ou contos como o que saíra na *Província*, em 29 de agosto de 1890, só reafirmavam a imagem dominante da mulher negra "que expõe seus pés nús e seu corpo sem collete e entrega-se de maneira condenável".

> O homem de cor, por sua vez, era condenado em seu contato familiar não tanto pela infidelidade, mas antes por seus atos violentos, que atingiam tanto sua companheira como seus filhos. (Schwarcz, 1987, p. 233)

A desqualificação da família negra também contribuía para a demonstração do caráter "deformado do negro incapaz de se relacionar senão de forma animalesca inclusive com aqueles a quem ama".

O intuito claro de se colocar o cidadão negro à margem da sociedade se expressa em cada uma dessas linhas. Cidadão indesejado, cidadão por acaso, por força e vontade branca, o negro deveria resignar-se à sua condição de estranho à civilidade, de outro indesejável.

O racismo explícito nessa época poderia instigar revoltas. A preferência pelo imigrante europeu em detrimento do negro que, excluído das atividades de trabalho, era lançado à marginalidade tornava explícito o caráter racista e a cisão na sociedade nacional. Não havia o menor interesse de se aproveitar a mão-de-obra negra, mas há a necessidade de se manter a ordem e de se exercer um forte controle social sobre esse indivíduo tão perigoso e mantê-lo sempre disponível.

Simultaneamente aos avanços do novo regime, uma nova política vai sendo traçada com relação aos negros. O futuro da nação, a preocupação com a República e seus problemas vão tomando o espaço dos jornais. O negro vai paulatinamente sumindo de suas páginas, como se a paz entre as raças houvesse sido alcançada. Ao grande balbucio sobre o negro se sobrepõe o silêncio do racismo explícito em gestos e palavras. Passamos, agora, à camuflagem que propiciava a imagem de harmonia e paz.

Esse silêncio significa, principalmente, que já havia um discurso sobre o negro elaborado e absorvido pelo senso comum; já havia uma imagem naturalizada que tornava desnecessário o uso de mais palavras para definir o ser negro.

Contudo, há dois momentos que oferecem novos elementos para a invenção do negro: o primeiro é pelo discurso médico e jurídico de Nina Rodrigues. O segundo, pela antropologia de Gilberto Freyre.

Nina Rodrigues: a evolução

Raymundo Nina Rodrigues carece de apresentações. Após anos de sua morte, continua presente em vários trabalhos que visam a compreender o pensamento nacional. Figura respeitada em sua época, foi o grande nome da medicina do final do século XIX até a metade do século XX (não podemos nos esquecer que sua obra *Africanos no Brasil*, depois de alguns transtornos, teve sua primeira edição em 1933). Foi, também, o grande estruturador da Escola de Medicina na Bahia, muito embora não tenha sido seu fundador, deixando vários discípulos, entre os quais se encontra Gilberto Freyre.

A influência de Nina Rodrigues se deve ao rigor de seu pensamento e à seriedade de seu trabalho, respeitado até mesmo por seus adversários.

Esse autor só pode ser compreendido como fruto de uma época em que a ação política era pensada como algo que deveria estar totalmente submetido à ciência; na qual o Estado aparecia como única instância capaz de garantir a ordem e o progresso, desde que guiado pela ciência positiva, na qual os homens se resignavam às exigências do real. Época, portanto, do primado da necessidade.

Os positivistas, como Nina Rodrigues, tentavam, através da física do social, explicar e evitar a desordem e o caos das multidões apaixonadas e reverter todas as ilusões deixadas pelos filósofos das Luzes que, segundo eles, não conseguiram fazer com que o uso da razão e a apologia dos direitos naturais e da igualdade evitassem a violência.

Nina Rodrigues vai abraçar integralmente a idéia de uma política positiva alicerçada em diferenças naturais entre os grupos/classes que compunham a sociedade.

Não vou tratar de todos os problemas presentes no complexo pensamento de Nina Rodrigues, mas apenas daquilo mais diretamente vinculado às questões abordadas neste livro. Para tal, analisarei seu texto *As raças humanas e a responsabilidade penal no Brasil*, que nos oferece uma boa imagem dos objetos de estudo do autor.[3]

---

[3] Para um maior conhecimento da obra de Nina Rodrigues e de sua influência no pensamento nacional, vejam-se Corrêa (1982) e Schwarcz (1993).

O texto *As raças humanas e a responsabilidade penal no Brasil* apresenta um duplo aspecto: discute conceitos da ética e da filosofia natural e é também uma obra antropológica acerca do homem e seu meio sociocultural. Aqui foi priorizado o primeiro aspecto e o texto foi dividido em quatro momentos, que são:

1) exposição dos pressupostos que vão fundamentar a teoria do autor. Compreende o primeiro capítulo do texto e é o momento das idéias;
2) discussão de seus argumentos à luz das teorias rivais. É o espaço da polêmica. Abrange os capítulos 2 e 3;
3) elaboração de sua antropologia e das justificativas retiradas do contexto social (exemplos) de sua teoria. Abarca os capítulos 4, 5 e 6;
4) conclusão de suas idéias e apresentação de sua política. Corresponde ao capítulo 7.[4]

1º Momento: as idéias

Nina Rodrigues desenvolve sua teoria pautada na ciência positiva para dela retirar aplicações éticas.

Propondo-se a estudar as causas que podem modificar a imputabilidade penal, diz que: 1) as raças apresentam graus de evolução, desenvolvimento, cultura e inteligência diferentes; 2) a cada grau evolutivo compreende uma moral, portanto, não há valores universais, atemporais e uniformes que possam servir como sustentáculo para um direito universal e uma noção única de justiça; 3) uma lei universal pressupõe uma identidade total entre todos os indivíduos que compõem a sociedade; 4) não existe o livre-arbítrio.

Do ponto de vista da ciência natural, nota-se que esse autor mantém e repete os mesmos pressupostos presentes em outros pensadores discutidos neste livro: uma filosofia da natureza baseada

---

[4] Se compararmos os caminhos percorridos por Nina Rodrigues aos descritos por Todorov como constituintes do pensamento racista (ver pp. 45-46 deste livro), verificaremos uma enorme coincidência entre eles.

nas observações biológicas dos seres. Não há nada nele que já não existivesse previsto por Buffon. Entretanto, do ponto de vista da ética, seu diálogo com o Iluminismo torna-se mais delicado.

Sabe-se que a grande preocupação de Nina Rodrigues era com o direito penal brasileiro.[5] Procurava uma forma de transformar o código penal em algo eficiente, que se identificasse aos critérios das ciências positivas. Sua preocupação vai sendo elaborada através do contraponto entre filosofia natural e ética, direito natural e direito positivo, liberdade e determinismo.

O primeiro propósito de Nina Rodrigues é estabelecer sua filiação filosófica ou científica. Faz isso já nos parágrafos iniciais, quando assinala o objetivo de seu estudo e conclui que:

> a evolução mental pressupõe nas diversas phases do desenvolvimento de uma raça, uma capacidade cultural muito differente, embora de perfectibilidade crescente, mais ainda affirma a impossibilidade, portanto, de impor-se, de momento, a um povo, uma civilisação incompatível com o gráu do seu desenvolvimento intellectual. (1957, p. 31)

Nesse parágrafo estão presentes, sem ressalvas, as teses do darwinismo social: evolução, hereditariedade, adaptação, perfectibilidade, temporalidade, às quais Nina adere e as quais endossa completamente.

Nas páginas seguintes aponta seu inatismo e defende a filogênese como explicação adequada para a evolução cultural do homem.

Se recorrermos às análises realizadas nos capítulos anteriores deste trabalho, poderemos notar que algumas dessas idéias vinculadas à filosofia natural transitavam juntamente com os conceitos da ética iluminista, ocasionando uma série de contradições. Em nome do rigor da lógica e da coerência filosófica, Nina Rodrigues vai expor essas contradições e tentar superá-las no cam-

---

[5] Sobre as querelas entre médicos e juristas, a ciência e a lei, as faculdades de medicina e as faculdades de direito, veja-se Schwarcz (1993).

po que lhe competia.⁶ Dessa forma ele estabelece um diálogo entre filosofia natural e ética, entre filosofia natural e política e uma total ruptura entre filosofia natural e aquilo que designa como metafísica.

Seu primeiro momento de confronto com o Iluminismo acontece quando ele afirma a inexistência de valores universais, de idéias universais de justiça e, portanto, a impossibilidade de um direito universal. Satiriza a Declaração dos Direitos do Homem dizendo:

> É um dogma em biologia, escreveu o Dr. Anselmo da Fonseca (*Memoria da Faculdade da Bahia*, 1882) que, ainda que todos os seres vivos – animaes e vegetaes – se possam adaptar ás condições mais diversas e que, ainda que o homem, particularmente o mais civilisado, seja de todos elles o mais adaptavel e o mais perfectivel, essas adaptações não o fazem, não se podem fazer senão pouco a pouco, gradativamente e com grande lentidão. A historia mostra que este principio é igualmente verdadeiro no dominio social e que elle se entende com os meios intellectuaes e moraes, ou supeorganicos, do mesmo modo que com os physicos como o clima... Todavia tem-se pretendido, não obstante o *Natura non facit saltus* de Linneo, fazer um povo selvagem, ou barbaro transpôr, no curso da vida de uma geração, o caminho percorrido pelas nações civilisadas durante seculos, como se fosse possivel supprimir a lei da herança, dispensar as lentas accumulações hereditarias e prescindir da acção do tempo. Houve até quem pretendesse civilisar os algerinos, fazendo-os conhecer os *direitos do homem* e do cidadão cuja *Declaração* chegou a ser lida publica e solemnemente ás massas, que sem duvida nada perceberam, além das pompas do espectaculo. (Rodrigues, 1957, pp. 31-32)⁷

---

⁶ Já foi indicado por meio do pensamento de José Bonifácio e Joaquim Nabuco que, no Brasil, lançava-se mão, ao mesmo tempo, dos argumentos racistas fundamentados nas ciências naturais e dos argumentos políticos fundados no direito natural, pautados nas mesmas contradições apresentadas pelos iluministas europeus.

⁷ Os trechos citados foram extraídos de uma reimpressão dos originais de 1894, organizada por Afrânio Peixoto em 1957.

Dentro da ordem filogenética de cada grupo (raça), também se apresenta uma evolução moral.[8] A compreensão do que seja justo ou injusto, bom ou mau, certo ou errado varia de acordo com o grau de aperfeiçoamento, o estágio evolutivo vivido por eles. Nina, que se considerava um evolucionista, acreditava que a idéia de justiça que as sociedades européias possuíam era fruto de um lento aperfeiçoamento social. Portanto, os valores morais não podiam ser e não eram universais, do mesmo modo a justiça não poderia sê-lo, a menos que houvesse uma total identidade entre os povos, de modo que, teleologicamente, todas as suas ações fossem expressões do interesse social/global.

O segundo golpe contra os ideais éticos do Iluminismo se dá no momento da contestação da vontade livre. Utilizando-se dos mesmos pressupostos teóricos, ele nos diz:

> Mas, se a analyse scientifica derrue assim pela base a immutabilidade e o absolutismo das idéias de justiça e de direito, dando-lhes apenas um valor relativo e variável, submettido a exame igual não offerece maior consistencia o pressuposto da vontade livre, criterio e fundamento da imputabilidade.
>
> Uma vez posta á margem a questão metaphysica e insoluvel do livre arbitrio, o problema da vontade, tal como o pode estudar a psychologia scientifica, não escapa ás contigencias do desenvolvimento evolutivo da mentalidade humana. (Rodrigues, 1957, p. 46)[9]

Os dois conceitos sagrados da ética iluminista, universalidade e liberdade, são questionados em nome de e devido a condições científicas elaboradas pelos próprios iluministas. Nina Rodrigues impõe sua teoria através das contradições e aporias presentes no pensamento do século XVIII, recolhendo dele o que considerava

---

[8] Segundo a ciência monista, há uma continuidade entre o físico e o psíquico, a matéria e o espírito e, portanto, esta tese não constituía motivo de espanto.

[9] O questionamento detalhado da vontade livre será realizado nos capítulos 2 e 3 do texto de Nina Rodrigues.

mais consistente e abandonando o que considerava fluido. Seria esta a proposta do positivismo?

Entre a comicidade e o antiliberalismo que marcaram a presença da filosofia positivista no Brasil, constrói-se o pensamento de Nina Rodrigues.

A crença em direitos universais, inalienáveis, naturais que serviram como suporte à atribuição da liberdade (considerada como um desses bens/direitos) a todos os homens pautava-se na crença em uma natureza humana una. Ao contestar a universalidade de valores em nome da evolução, Nina relativiza os direitos dos homens, seu direito à liberdade e se contrapõe ao jus-naturalismo. Para tal, associando tanto os argumentos recolhidos da tradição jurídica quanto os recolhidos da tradição filosófica e demonstrando, a seu modo, que o direito natural (em seu texto representado pelo livre-arbítrio) não pode ser compreendido como um direito, pois não tem valor coercitivo, e não pode ser compreendido como natural, pois foge aos cânones do que ele compreendia como natureza.

Se os iluministas, inspirados em Grotius e Pufendorf consideravam naturais a igualdade e a liberdade (elegeram o estado de natureza como modelo ideal muito embora acreditassem que nele a segurança social não estava garantida),[10] Nina definia como natural a realidade racial, a evolução e a hereditariedade. Dessa forma, igualdade e liberdade passam a ser elementos metafísicos e o direito deixa de ser um campo da ética para pertencer ao rol das ciências naturais, levando o autor a postular que não se deve pensar o crime e buscar sua gênese, mas o criminoso e através dele compreender o crime.

2º Momento: a polêmica

Nina Rodrigues põe em movimento sua teoria polemizando com Tobias Barreto, o qual acusa de tentar conciliar determinismo e livre-arbítrio.

---

[10] Tese demonstrada por Bobbio (1959).

Para defender o livre-arbítrio, Tobias Barreto teria incidido em contradições lógicas e filosóficas ao afirmar um dualismo (separando matéria orgânica da inorgânica) e depois afirmando que "as leis da liberdade são as mesmas da natureza" (Rodrigues, 1957, p. 57).

Tobias Barreto, representante da escola clássica de direito, teme que a exclusão do livre-arbítrio como base para a imputabilidade penal gere total impunidade. Portanto, afirma a presença da liberdade pela escolha de motivos que levariam o homem a agir. A isso Nina Rodrigues responde:

> Tobias Barreto afirma, sem razão, que os deterministas fundamentam a negação do livre arbitrio no facto bruto da motivação das acções humanas, e que se lhes podem objectar, como prova da existencia de uma certa dose de liberdade do querer, a escolha psychica dos motivos e a possibilidade da determinação no sentido da maior resistencia.
>
> Em tudo isto, no emtanto, não ha mais do que uma apparencia illusoria de liberdade da qual, de facto, a consciencia, como cumplice, nos dá fallaz testemunho. (idem, p. 59)

Nina Rodrigues põe-se, então, a demonstrar como essa ilusão se constitui ao se confundir a afinidade definida pela adaptação de um indivíduo ao meio com liberdade. A escolha é fruto de estados psíquicos que não são outra coisa que manifestações fisiológicas. A vontade, portanto, é determinada pela natureza. Tese cara aos psiquiatras da época.[11] A associação entre vontade e prazer geraria muitas páginas na literatura médica européia e, para Nina

---

[11] Seria bastante interessante fazer um estudo sobre a relação entre Nina Rodrigues e o círculo médico que estudava a "matéria inorgânica", a alma. Mariza Corrêa assinalou este aspecto que ainda não foi desenvolvido em detalhe. Talvez este estudo nos auxiliasse a compreender a teoria de Nina num contexto mais amplo. Um exemplo disso seria verificarmos o comprometimento teórico que o leva a questionar a liberdade da vontade, algo também efetuado por Charcot, Kraft-Ebing, Freud, Jung, Spencer.

Rodrigues, representava um forte indício da nulidade do livre-arbítrio. A liberdade está associada à deliberação do homem razoável e, mesmo assim, pertence ao reino da natureza.

> Se depois desta analyse da escolha volicional, tão completa e magistral, é ainda possivel affirmar que o homem é livre; se ainda é licito acreditar que, na illusão de liberdade que nos dá a consciencia, ha alguma realidade; então não sei que valor podem ter as deducções da logica, nem que significação possam adquirir os fructos de sã observação scientifica. (Rodrigues, 1957, p. 65)

Nina Rodrigues lança mão das análises de Ribot para constatar que a "escolha exprime a natureza do individuo, num momento dado, em circunstancias dadas, e em um gráo dado" (idem, p. 61)... portanto, é apenas a determinação do organismo em ato. Admite que a vontade humana possa ser uma causa da seleção social, mas acrescenta que esta vontade atuante em sociedade não é fruto da liberdade, mas da seleção natural.

Para Nina Rodrigues a contradição de Tobias Barreto, da escola clássica e de todos os criminalistas clássicos brasileiros se coloca da seguinte forma: ao acreditarem simultaneamente no livre-arbítrio e na hereditariedade como fatores determinantes de uma personalidade criminosa eles chegam a um impasse: "ou punir sacrificando o princípio do livre arbítrio, ou respeitar esse princípio, detrimentando a segurança social" (idem, p. 73) e a ausência da solução deste impasse leva à impunidade geral.

O que há por trás desse argumento vem a seguir.

No terceiro capítulo, destinado a discutir como a adoção do livre-arbítrio penal leva à impunidade, pois é contrário a diferenças raciais, Nina nos diz:

> Desconhecendo a grande lei biologica que considera a evolução ontogenica simples recapitulação abreviada da evolução phylogenica, o legislador brazileiro cercou a infancia do individuo das garantias da impunidade por immaturidade mental, creando

a seu beneficio as regalias da raça, considerando iguaes perante o codigo os descendentes do europeu civilisado, os filhos das tribus selvagens da America do Sul, bem como os membros das hordas africanas, sujeitos à escravidão. (Idem, p. 77)

Se a ontogênese repete a filogênese, não há que se pensar em indivíduos isoladamente, mas apenas na espécie. A individualização só é permitida quando se trata de avaliar o comportamento de um povo homogêneo. Embora seu método requeresse o estudo e a avaliação do detalhe, do indivíduo, isto apenas servia para comprovar e demonstrar um traço presente na coletividade à qual aquele indivíduo pertencia. Se, nos graus mais "primitivos" da escala filogenética, os indivíduos são como crianças, portanto prisioneiros de sua própria imaturidade, nos graus mais "avançados", homens, eles não poderiam gozar da liberdade destinada às pessoas responsáveis e maduras? De fato, Nina Rodrigues condena o livre-arbítrio? Se perfectibilidade e evolução significam capacidade de transformar, interferir e modificar a natureza, a resposta é não. Os povos primitivos estariam mais amarrados às necessidades naturais e os mais evoluídos mais desligados delas.

Dessa forma, o código penal é injusto ao esperar que esses povos prisioneiros de sua necessidade natural ajam como pessoas livres e é mais injusto ainda quando não pune os atos criminosos desses povos em nome dessa mesma infantilidade. Essa injustiça é demonstrada por ele quando diz que, durante a escravidão, os escravos eram punidos por crimes cometidos contra os seus senhores por sua vontade livre. Leia-se: como alguém submerso na necessidade natural poderia agir de outra forma?[12]

---

[12] É interessante lembrar que Perdigão Malheiro parte das condenações dos escravos para questionar sua situação legal. Nina Rodrigues faz o caminho inverso. Em nome dos preceitos liberais, Perdigão Malheiro afirma que se os escravos podiam ser punidos por crimes que requerem a liberdade da ação, eram homens e não coisas e, portanto, sendo homens e agindo de acordo com sua própria vontade não poderiam ser privados dos direitos que esta mesma liberdade lhes atribui. Nina Rodrigues, questionando esta liberdade, defende que a classificação dos escravos era correta e o que estava errado era o código utilizado que deixava patente a falácia jurídica para a manutenção da coerção dos escravos e da escravidão.

Mais uma vez contrapondo-se a Tobias Barreto e às concepções clássicas fundadas no direito natural, Nina argumenta que, se a ação criminosa pressupõe a consciência de si mesmo, a consciência do mundo externo, a consciência do dever, a consciência do direito (como defende Tobias)

> é obvio que a inconsciência do direito e do seu correlativo o dever pode revestir duas fórmas distintas. A inconsciência temporaria e transitoria como no caso da menoridade, e a inconsciência do direito e do dever nos casos de collisão de povos em phases muito differentes da evolução sociológica. (Rodrigues, 1957, p. 81)

Se o próprio Tobias Barreto admite que o direito é um produto da cultura humana e não pode ser pensado fora das sociedades (mesmo o direito natural),[13] Nina Rodrigues pode concluir, ainda mais seguramente, que se o direito é fruto das sociedades, não se pode aplicar o mesmo direito a sociedades diferentes, visto que as raças superiores teriam noções de direito e dever diferentes das raças inferiores. Conclui,

> tão absurdo e iniquo, do ponto de vista da vontade livre, é tornar os bárbaros e selvagens responsaveis por não possuir ainda essa consciencia, como seria iniquo e pueril punir os menores antes da maturidade mental por já não serem adultos, ou os loucos por não serem sãos de espirito. (Idem, p. 85)

Utilizando-se dos conceitos de Enrico Ferri – a alma do direito é a igualdade, seja moral e ideal, seja física e orgânica – nos diz que apenas a psicologia das raças pode oferecer-nos o critério adequado para o exercício das regras do direito.

---

[13] Tobias Barreto, segundo Nina Rodrigues, introduziu o estudo positivo do direito no país. Sua tentativa de conciliar livre-arbítrio e determinismo demonstra um vínculo com as idéias liberais, mesmo que relativamente. No entanto, a oposição que lhe faz Nina Rodrigues pode ser lida tanto como uma crítica à sua ambigüidade (descrita por Nina Rodrigues) como uma oposição ao direito natural – que é o que tentamos desenvolver.

3° momento: a antropologia

Nina Rodrigues elabora sua psicologia das raças a partir de seus pressupostos antropológicos.

No capítulo 4 define com maior propriedade (segundo seus próprios critérios) a constituição étnica da população brasileira e sua distribuição geográfica, climática. Onde há presença de alguns elementos das raças puras, onde elas aparecem miscigenadas e quais os elementos presentes nesta miscigenação. Sua conclusão é pela presença mestiça ao longo de todo território nacional, com algumas áreas de reserva das raças puras como o sul do país (presença do ariano), ao Norte (presença do indígena) e no Nordeste (presença do negro).

Caracterizado o povo, pergunta-se se é possível aplicar a mesma lei a povos com desenvolvimentos tão desiguais como os por ele descritos. Diz ele: "Um indio selvagem aprisionado e domesticado, um negro africano reduzido á escravidão, não terão, pelo simples facto da convivencia com a raça branca, mudado de natureza" (idem, p. 114). Continuarão sem a consciência do direito e do dever presentes no povo mais evoluído. Acrescenta que a catequese ou domesticação do índio, ao invés de civilizá-lo, degradou-o e que (citando Morel)

> os negros crioulos, qualquer que seja a nação de que tirem a sua origem, não conservam dos seus pais e mais senão o espírito de sujeição e a côr; que são mais engenhosos, mais racionaveis, mais astutos, porem mais libertinos e madraços do que os vindos d'Africa. (Idem, p. 117)

Para ele, que recolhe essa idéia de Sylvio Romero, não há exemplo de nenhuma civilização africana-negra (muito embora Romero acredite na capacitação dos mestiços).

A independência de São Domingos é citada como exemplo do conflito entre culturas em um país dominado pelos negros que não conseguem seguir as fórmulas da civilização européia:

> Nos paizes regidos segundo as formulas das civilisações européas, os negros conservam-se negativos ou atrazados, sempre em eminencia de conflicto. Não sentem e não comnprehendem a modo dos aryanos, assim como anatomicamente não são constituidos a modo delles. Não podem absorver, assimilar, senão uma certa porção da ração *soi disant* regeneradora que se lhes offerece generosa... e ineptamente: o resto é muito indigesto para elles e provoca reacções, que multiplicam o delicto e o crime. (Idem, p. 123)[14]

A partir disso Nina Rodrigues considera que mesmo que existam negros e índios que tenham mais valor do que o branco, aplicando sobre eles as normas do direito penal branco sempre pairará a dúvida de que, ao cometerem um crime, falou-lhes o lado instintivo primitivo ou o mecanismo da determinação voluntária.

> Posta a questão nestes termos, é fora de dúvida que mesmo nessas condições excepcionaes, a psychiatria moderna, chamada a se pronunciar sobre o gráo de responsabilidade dos nossos criminosos, negros e indios, acabaria naturalmente, na grande maioria dos casos, por lavrar um *veredictum* de irressponsabilidade em favor delles. (Idem, p. 126)

Afirma-se, desta maneira, que a psicologia dos povos mais "primitivos" é naturalmente criminosa tomando-se como parâmetro a sociedade mais "evoluída".

Para Nina Rodrigues o convívio entre raças diferentes gera uma patologia; o *pathos* social é a raça primitiva, patológica em si mesma porque não evoluiu. Diz que o convívio entre as raças diferentes e uma forçosa adaptação imposta aos negros e índios criam tipos anormais. Ao lidar com esses tipos anormais, o direito brasileiro, por suas ambigüidades, é omisso. Mas, diante das evidências por ele mesmo apresentadas, conclui que tanto os negros quanto os índios têm direito a uma responsabilidade atenuada.

---

[14] O autor retira este exemplo da obra do Dr. Corre.

A relativização da responsabilidade penal significa, em outros termos, a relativização do direito à cidadania, à liberdade, à humanidade, e a conclusão, enfim, de que tanto os índios quanto os negros não podem ser considerados plenamente humanos, vagando entre a animalidade (selvageria primitiva) e a humanidade (civilização européia).

Entretanto, é quando trata da psicologia criminal dos mestiços que sua teoria torna-se mais radical. Embora chegue à mesma conclusão da responsabilidade relativa dos mestiços, ele faz um verdadeiro tratado sobre sua degeneração e predisposição ao crime. Todavia, o autor não foge do pensamento médico praticado em sua época e nem poderia ser diferente para um monista que acredita em uma teleologia da natureza e vê no corpo o melhor instrumento para medir ou observar este *telos* em ação. Se é no próprio movimento da natureza que devemos buscar as causas primeiras para todos os fenômenos observados na Terra, será no corpo (parte dessa natureza) que deveremos buscar as causas para todos os fenômenos observados na sociedade.

Mariza Corrêa considera a esse respeito que:

> Se as análises de Nina Rodrigues levavam a prescrever a exclusão (e inclusão) à sociedade de *indivíduos*, sua crença na homologia entre o natural e o cultural o levava a classificá-los a partir de sua pertinência a grupos, a categorias, *coletivos*. A sua rejeição à oposição estrutura física do cérebro/psiquismo é análoga à sua convicção sobre a estreita vinculação orgânica/social. De certa forma, ele "resolveu" por sua conta a questão da passagem da natureza à cultura, ao introduzir aí o termo raça- aspecto biológico constitutivo do ser humano, ao mesmo tempo que denotativo de sua pertinência cultural. (1982, p. 149)

A psicologia mestiça do brasileiro, na qual culturas com graus diferenciados de evolução se misturam gerando produtos anormais (híbridos sociais) seria a grande responsável pelo atraso do país. Ora, o cruzamento entre espécies diferentes não pode produzir algo que preste (afirmava Spencer).

Quando se evidencia o traço primitivo, via atavismo, presente em sua natureza mestiça, o brasileiro é apático, desanimado, sem iniciativa; não se preocupa com o futuro, é rudimentar e não tem noção de propriedade. É dessa forma que se deve compreender a citação de Sylvio Romero feita por Nina Rodrigues (1957, p. 89): "todo brazileiro é mestiço se não no sangue, pelo menos nas idéas".

Dada a impulsividade e a falta de consciência plena do direito de propriedade que levam a cometer crimes, tanto os negros e índios quanto seus mestiços devem ser menos responsáveis do que os brancos civilizados. Sua impulsividade destrói qualquer possibilidade de responsabilização que se funde na liberdade da vontade. Sua impulsividade foge à proporção requerida pelos atos racionais. Longe da *ratio* eles são lançados ao *pathos* e à *hybris*.

> Destes dous principios fundamentaes – a herança pela larga transmissão dos caracteres das raças inferiores a que dá logar, e o mestiçamento, pelo desequilibrio ou antes pelo equilibrio mental instavel que acarreta –, decorre, me parece, a explicação facil e natural da nossa psychologia de povo mestiço. Por sua vez, dão elles também a explicação mais razoavel de certas fórmas da criminalidade crioula. Estão neste caso os chamados attentados de raça, em que exercem poderosa influencia o despeito, animadversão, o odio contra as raças superiores ou dominadoras por causa do desprezo de que são ou se suppoem objecto as raças inferiores ou dominadas. (Idem, p. 155)

Esses mesmos argumentos são utilizados para afirmar que o estágio de desenvolvimento da população negra faz com que ela considere natural a escravidão e justifica a perseguição que, segundo Nina Rodrigues, os negros livres praticavam contra os seus irmãos escravizados.

Torna-se evidente que Nina Rodrigues apóia-se nas contradições do próprio pensamento iluminista/liberal para o qual era impossível conciliar os ideais éticos com os conceitos científicos e políticos sem relativizá-los (mesmo que negando esta relativização) e afirma, com todas as letras, que a propriedade, a liberdade, a cidadania são privilégios dos povos evoluídos.

4º momento: a política

Após apontar, mais uma vez, as contradições do direito penal brasileiro exemplificadas, novamente, pela falácia do código ao condenar os escravos por seus crimes contra os senhores, o autor conclui pela reforma do código penal.

Nina Rodrigues defende a regionalização do direito penal (como ocorre nos EUA). Deve-se, entretanto, considerar as diferenças fisiológicas e climáticas em acordo com as quatro regiões apresentadas anteriormente por ele. Influência de Montesquieu?

Na seqüência, descarta a possibilidade de o ensino e a educação (mais um golpe na teoria da perfectibilidade iluminista) inibirem a atividade criminosa, pois, embora a inteligência e a cultura se relacionem e influenciem a volição, ambas são frutos de uma organização cerebral, portanto, filiam-se ao biológico. E os preceitos morais, sob os quais se definem os crimes, desenvolvem-se antes da inteligência. Acrescenta que o desenvolvimento orgânico é mais intenso nos climas quentes do que nos frios e temperados, por isso, no Brasil, deve-se reduzir a menoridade penal.

Embora, ao longo de seu texto, Nina Rodrigues afirme que defende a responsabilidade atenuada dos negros, índios e mestiços, devemos compreender essa defesa com uma série de ressalvas.

Em primeiro lugar, ele afirma inúmeras vezes que o problema do direito penal brasileiro é gerar a impunidade ao utilizar o pressuposto do livre-arbítrio, portanto requer uma melhor funcionabilidade do código, ou seja, que ele puna, de fato, todos os criminosos sem atenuantes.

Em segundo lugar, toda a sua etiologia do crime nos leva a crer que Nina Rodrigues considera todos os índios, negros e mestiços como criminosos, senão reais, ao menos em potencial, que não são punidos devido às "regalias" da raça.

Em terceiro lugar, quando defende a redução da menoridade e a regionalização do direito penal (diferenciado do civil), apresenta as condições para que se possa punir todos os "criminosos".

Em resumo, nesses quatro momentos, o autor não procura relativizar a responsabilidade penal daqueles aos quais ele considera criminosos, ao contrário, busca formas para que o código penal os puna, e o faça o mais cedo e da forma mais adequada possível. Então, o que Nina relativiza e atenua?

Não é a pena, mas o direito; não é a punição, mas o punido que são relativizados por Nina Rodrigues. Denunciando as ilusões da liberdade e da igualdade, ele demonstra que homens diferentes não podem ter o mesmo direito à liberdade. Estabelece, para tal, uma tutela do perito médico legal, especialista em compreender, a partir da personalidade, da raça, o caráter do criminoso e o crime cometido. Como este perito pertenceria à raça e cultura mais "desenvolvidas", seria a partir dela que ele estabeleceria, como faz Nina Rodrigues, os limites entre o normal e o patológico. Conclui-se, então, que embora falando de direito penal, o autor relativiza o direito social, civil de cada indivíduo de acordo com sua raça.

Se negros, índios e mestiços não são capazes de desenvolver uma civilização, não são capazes de produzir uma cultura elevada, mas são potencialmente perigosos, o que se deve fazer é tratar todas suas manifestações "sociais", "culturais" como signos de anormalidade, sinais de doença e demência. Não são ou criminosos ou loucos, são criminosos e loucos pois o crime é o mal gerado pelas e nas raças inferiores. Incapazes de correção, os criminosos deveriam ser excluídos da sociedade, recolhidos aos asilos.

A condenação da mestiçagem como símbolo da degeneração social expressa o temor pela perda da razão e o advento do atraso e da loucura na sociedade brasileira. Cercear a liberdade dos povos "primitivos" em nome dessa razão é colocar sua humanidade entre aspas. O que está sendo avaliado não é a qualidade de ser igual e livre, mas a qualidade de ser homem. A partir dessas idéias estabelece-se o diálogo entre Nina Rodrigues e os conceitos iluministas.

A raça brasileira: Gilberto Freyre e o lusotropicalismo

A forma adotada por Gilberto Freyre[15], para analisar, sociologicamente, o Brasil, logrou romper com a tradição anterior, que se baseava nos princípios darwinistas, spencerianos e que estabeleciam uma diferenciação intelectual entre brancos e negros. A obra de pensadores como Couty e Nabuco, já analisados aqui, ou outros mais radicais como Sylvio Romero, Oliveira Vianna, Tobias Barreto, Euclides da Cunha, a escola baiana de Nina Rodrigues, utiliza esse pensamento e essa sociologia (antropologia?) de cunho extremamente racista. Freyre procurou novos caminhos que fugissem do cientificismo dogmático da época. O exemplo disso nos é dado pela forma como Freyre encara a mestiçagem.

Outrora o mestiço seria o fruto natural de todas as degenerescências, inclinado para os vícios e para toda forma de corrupção moral; os elementos africanos encontrados na cultura nacional eram a justificativa para o atraso do Brasil em relação às nações européias; o mestiço era o resultado de toda a influência negativa da cultura africana sobre a brasileira e a purificação da raça, afastando cada vez mais esses traços africanos, seria a única maneira para a população marcada pela corrupção negra alcançar algum alívio e evolução.

Já em Gilberto Freyre:

a miscigenação deixa de ser considerada unicamente como um fenômeno biológico ou como um processo físico-psicológico ge-

---

[15] Não se pode negar a importância que a obra de Freyre teve em meados da década de 1930 e daí por diante. Numa época de silêncio sobre a questão racial no Brasil, ele trouxe a questão do negro novamente à baila e sob uma ótica diferente das anteriores, já não o escravo inferior, o cidadão de segunda classe, mas um dos elementos que, através de sua cultura, influenciaram e contribuíram para a formação da nação brasileira. Neste sentido, *Casa-grande e senzala* foi uma obra inovadora e que gerou polêmica e reflexões a respeito da questão racial no Brasil. Denise Silva (1989) nos chama a atenção para o fato de que, embora as idéias utilizadas por Freyre já estivessem presentes no pensamento nacional, foi somente após a Primeira Guerra Mundial, com o questionamento da superioridade européia e a valorização do que é brasileiro (Semana de 22, por exemplo), que o pensamento racista brasileiro pôde ser questionado.

rador de mentalidades e aptidões em que se formaria a cultura, processo com a negativa função de retardar ou mesmo de perturbar a nossa evolução na direção das perfeições prometidas pela lei do progresso biossocial. E é apreciada como um fenômeno de outra ordem, diríamos mais nobre, de natureza social e de sentido positivo, um corretor das distâncias sociais e do profundo hiato cultural entre o branco e o indígena, particularmente entre aquele e o negro, entre o senhor e o escravo ou liberto, entre o civilizado e o bárbaro, entre a casa-grande e a senzala. (Azevedo, 1962, p. 77)[16]

O ponto de equilíbrio da sociedade brasileira passaria a ser o mestiço e o caráter miscigenado de nossa população é posto em foco como meio de um engrandecimento inigualável. O Brasil seria o solo propício para uma sociedade mais democrática em termos raciais, visto ser fundada sobre a mestiçagem.

Embora a contribuição africana seja avaliada fora da perspectiva racista de outrora, isso não significou a elevação do sujeito negro à mesma categoria do branco. Ele ainda é o outro, diferente e estranho, portador de uma cultura exótica. Mas agora é o estranho desejado por essas mesmas características. Em Freyre, o negro continua sendo objeto, complemento para o branco que se sobrepõe a ele do alto dos casarões, das casas-grandes e que olha, a distância, para as senzalas. Passa-se, então, a uma apologia da mestiçagem, não na prática, mas na teoria, na qual ela é reconhecida como elemento básico da composição do povo brasileiro.

Mas, se muitas barreiras foram ultrapassadas, pelo reconhecimento da contribuição da cultura africana para a formação do nosso povo, isso só foi possível mediante a mitificação do mestiço e, juntamente com ela, a existência de uma ilusão que nos conduz a pensar que, no Brasil, haveria uma democracia que

---

[16] Cabe lembrar que Oliveira Vianna já exaltava a mestiçagem em suas obras originando o mito das três raças que, unidas, formaram o país. Mas, para ele, o caráter superior da raça branca é incontestável, assim como o desejo do crescente embranquecimento da população.

permitiria um tratamento igualitário para brancos e negros. Sob a égide da democracia racial, inúmeros preconceitos se escondem e se multiplicam.

Na ternura, na mímica excessiva, no catolicismo em que se deliciam os nossos sentidos, na música, no andar, na fala, no canto de ninar menino pequeno, em tudo que é expressão sincera de vida, trazemos quase todos a marca da influência negra. Da escrava ou sinhana que nos embalou. Que nos deu de mamar. Que nos deu de comer, ela própria amolegando na mão o bolão de comida. Da negra velha que nos contou as primeiras histórias de bicho e mal-assombrado. Da mulata que nos tirou o primeiro bicho-de-pé de uma coceira tão boa. De que nos iniciou no amor físico e nos transmitiu, ao ranger da cama-de-vento, a primeira sensação completa de homem. Do moleque que foi nosso primeiro companheiro de brinquedo. (Freyre, 1963, p. 331)

É assim que é descrita a face que todos nós, brasileiros, teríamos daqueles que, com seu exotismo, penetrariam em nossas vidas tornando-as mais agradáveis, menos áridas, menos brancas.

Em *Casa-grande e senzala*[17], a descrição dos elementos constituintes do povo ou "raça" brasileira obedece a uma lógica muito especial.

Em primeiro lugar, Freyre nos chama a atenção para o caráter dos nossos colonizadores:

O escravocrata terrível que só faltou transportar da África para a América, em navios imundos, que de longe se adivinhavam pela inhaca, a população inteira de negros, foi por outro lado o colonizador europeu que melhor confraternizou com as raças chamadas inferiores. O menos cruel nas relações com os escravos. É verdade que, em grande parte, pela impossibilidade

---

[17] Não pretendo fazer um estudo detalhado dessa obra, mas apresentar, em linhas gerais, como Freyre define dois dos componentes básicos da formação do povo brasileiro: o negro africano e o branco português.

de constituir-se em aristocracia européia nos trópicos: escasseava-lhe para tanto o capital, senão em homens e mulheres brancas. Mas independente da falta ou escassez de mulher branca o português sempre pendeu para o contato voluptuoso com mulher exótica. Para o cruzamento e miscigenação. Tendência que parece resultar da plasticidade social, maior no português que em qualquer outro colonizador europeu. (Idem, p. 245)

A bondade do português e sua tendência natural à miscigenação é explicada pela sua própria composição étnica. Este povo no qual os "valores superiores dos nórdicos são atenuados", em que o "vulto castelhano aparece já deformado", é reabilitado por Freyre como um colonizador aristocrático, capaz de, apesar de suas "características rústicas", colonizar países tropicais. O fato de serem formados culturalmente e etnicamente pela mistura de várias raças do norte da África e da Península Ibérica lhes proporcionou a envergadura necessária para avançar ao além-mar. A definição étnica do português deixa claro que não houve, de forma radical, uma ruptura de Freyre com as teorias racialistas e racistas esboçadas por seus antecessores.[18]

A composição da história de um povo pela miscigenação parece constituir um dos elementos básicos da obra freyreana: a união entre sexos diferentes e raças opostas movimentam o mundo lusitano e o mundo brasileiro. A união com a "mulher exótica" (negra ou indígena) colaborou para a colonização. O impulso para a assimilação de outras raças é revelado pelo "furor de Dom Juan das senzalas desdorado atrás de negras e molecas" (idem, p. 246), eles próprios (esses don Juans) filhos da união entre cristãos, mouros e judeus. Tal herança cultural e biológica permitiria aos portugueses se relacionarem de forma amistosa com os filhos dos trópicos. Ora, os portugueses, sendo também mestiços, tenderiam mais facilmente a aprovar a mestiçagem.

---

[18] Se lembrarmos o texto de Couty, poderemos verificar a ênfase dada ao caráter específico do português na colonização e na configuração do povo brasileiro, lá como crime e aqui como glória.

Embora auxiliados por seu "passado étnico, ou antes, cultural, de povo indefinido entre a Europa e a África" (idem, p. 70), fator que lhes favorecia a adaptação aos trópicos, os portugueses ainda careciam de uma contribuição da raça negra (melhor aclimatada) para sua adequação satisfatória.

Dessa forma, Freyre lança mão de todos os elementos do cientificismo para explicar a colonização brasileira. Ora é o termo raça que aparece, ora a adaptação climática é destacada, ora as transformações (evoluções) de um povo pela mistura com um outro superior. Todos os componentes de uma teoria racista vão se delineando nesse autor que, visando à crítica, acaba por reproduzir de forma invertida o pensamento daqueles aos quais pretendia criticar. Categorias como a mobilidade do português, a miscigenação e a aclimatabilidade são evocadas quando se tenta justificar o sucesso da colonização portuguesa nos trópicos, ao contrário dos ingleses, holandeses e franceses, que não puderam realizar esse intento:

> O português não: por tôdas aquelas felizes predisposições de raça, de mesologia e de cultura a que nos referimos, não só conseguiu vencer as condições de clima e de solo desfavoráveis ao estabelecimento de europeus nos trópicos, como suprir a extrema penúria de gente branca para a tarefa colonizadora unindo-se com mulher de côr. Pelo intercurso com mulher indígena ou negra multiplicou-se o colonizador em vigorosa e dúctil população mestiça, ainda mais adaptável do que ele puro ao clima tropical. (Idem, p. 70)

Maria Alice de Aguiar Medeiros, em seu livro *O elogio da dominação* (1989) nos alerta para a concepção do "lusotropicalismo" presente em Freyre.

O lusotropicalismo seria, então, o conjunto de fatores inerentes aos portugueses, que lhes propiciariam melhor adequação em clima tropical. O elogio ao português é a primeira faceta do elogio à população nacional. A contrapartida desse elogio é o desprezo esboçado para com a colonização empreendida pelos anglo-saxões que, em tudo encontraram maior facilidade do que os portugueses e não conseguiram constituir uma sociedade tão democrática. O português, por manter um intercâmbio constante com as outras raças devido à sua "flexibilidade" natural, assimilou-as e aceitou-as mais facilmente, por exemplo, do que os ingleses que, ao colonizar os EUA com a rigidez que lhes era peculiar, não se misturaram a outras raças, mantendo-as separadas e gerando uma cisão social. A comparação com a sociedade americana, tipicamente racista para Freyre, engrandece a obra dos portugueses no Brasil. Lá a cisão é duramente imposta, aqui haveria a harmonia.

O português teria empreendido sabiamente sua colonização de modo a não importar qualquer tipo de escravo, escolhendo os melhores e, ao chegar aqui, tomando por "mulheres" negras e índias que, unidas a ele iriam promover, gradativamente, a purificação da raça e da fé.

> Parece que para as colônias inglesas o critério de importação de escravos da África foi quase exclusivamente o agrícola. O de energia bruta, animal, preferindo-se, portanto, o negro resistente, forte e barato.
>
> Para o Brasil a importação de africanos fez-se atendendo-se a outras necessidades e interesses. À falta de mulheres brancas, às necessidades de técnicos em trabalhos de metal, ao surgirem as minas; duas poderosas forças de seleção. (Freyre, 1963, p. 35)

Acima, vemos descrito o processo de colonização no qual o português parecia contar, de forma proposital, com o negro para a composição de uma nova sociedade. O negro torna-se parceiro natural para a união pelo sexo e pelo trabalho. A díade senhor-escravo (branco-negro e índio muitas vezes) parece ser a representação do duplo perfeito, indissociável. O senhor representando a força, a virilidade, a brancura, a inteligência, o engenho, a crueldade sádica; e o escravo, a doçura, a sensualidade, o negror, a esperteza, a passividade masoquista.

Todo o brasileiro, mesmo o alvo, de cabelo louro, traz na alma, quando não na alma e no corpo – há muita gente de Jenipapo ou mancha mongólica pelo Brasil – a sombra, ou pelo menos a pinta, do indígena ou do negro. (Idem, p. 331)

A marca da mestiçagem é expressa pela frase acima. No Brasil, todos são mestiços. Mas qual mestiçagem? Ela parece ser descrita, a princípio, muito mais pela aceitação da cultura africana e seus traços do que pela mistura real entre as raças.

Freyre nos fala (com intuito de uma análise psicológica) da atração sexual (pendor sexual) pelas mulheres de cor que pode ser efeito do contato entre a criança branca e a ama-de-leite negra, visto que o ato de mamar já traz em si um cunho sexual. A seguir discorre sobre a convivência entre os meninos de engenho com as negras e mulatas. O escravo negro estaria na sombra da vida sexual do brasileiro.

Ora, com toda essa atração e interesse, fica justificada a mestiçagem que, se para alguns era marca de degenerescência (vide Nina Rodrigues), para outros seria motivo de orgulho, não fosse a sífilis destruidora.

A vantagem da miscigenação correspondeu no Brasil a desvantagem da sifilização. Começaram juntas, uma a formar o brasileiro – talvez o tipo ideal do homem moderno para os trópicos, europeu com sangue negro ou índio a avivar-lhe a energia; outra, a deformá-lo. (Idem, p. 110)

O mestiço brasileiro só não era perfeito por ser marcado, muitas vezes, pela doença e pela má alimentação. Entretanto, para Freyre, seria a raça negra a que melhores "espécimes" de mestiços oferecia.

Como já foi dito, Freyre propõe-se a avaliar a sociedade brasileira antes por seus caracteres culturais mistos do que raciais. Ao descrever o comportamento dos negros brasileiros (especificamente os baianos), fala de sua expansividade e de sua adaptabilidade para o trabalho agrícola. Os índios definidos como introvertidos, não seriam aptos para essa função. Como exemplos disso cita estudos sobre as danças dos negros e dos índios, em que se verificaria, nos primeiros, o fator dionisíaco e, nos segundos, o fator apolíneo. Mas o componente sociocultural se soma a uma psicobiologia para justificar a diferença.

> Pode-se juntar a essa superioridade técnica e de cultura dos negros, sua predisposição como que biológica e psíquica para a vida nos trópicos. Sua maior fertilidade nas regiões quentes. Seu gosto pelo sol. Sua energia sempre fresca e nova quando em contato com a floresta tropical. Gosto e energia que Bates foi o primeiro a contrastar com o fácil desalento do índio e do caboclo sob o sol forte do norte do Brasil. (Idem, p. 334)

Contudo, nas páginas seguintes Freyre propõe-se a desmitificar a noção da superioridade racial dos brancos e a questionar as teorias biológicas racistas do século XIX em nome da nova ciência que, retomando Lamarck, provava a adaptação das espécies ao meio pela transmissão dos caracteres adquiridos.

> São esses característicos – principalmente a forma do crânio – que se tem pretendido ligar à inferioridade do negro em realizações e iniciativas de ordem intelectual e técnica; inferioridade essa que seria congênita. Outra tem sido a conclusão dos que mais demoradamente têm procurado confrontar a inteligência do negro com a do branco. Bryant e Seligman, por exemplo, de estudos comparativos entre escolares bantos e europeus na África do Sul concluíram pela maior precocidade e mais rápido desenvolvimento mental dos bantos até a idade de doze anos, em contraste com o desenvolvimento mais demorado e tardio do europeu até a puberdade, porém maior que os dos negros daí em diante (...) Diferenças difíceis de reduzir, como nota Pitt-Rivers, a um fator de inteligência ou superioridade de uma raça sobre a outra. (Idem, pp. 341-342)

Com esse exemplo e outros, Freyre busca provar que não se pode diferenciar negros e brancos pelas faculdades intelectuais ou de aspectos biológicos/anatômicos. Porém, logo a seguir nos diz:

Mas dentro da orientação de propósitos deste ensaio, interessam-nos menos as diferenças de antropologia física (que ao nosso ver não explicam inferioridades ou superioridades humanas, quando transpostas dos termos de hereditariedade de família para os de raça) que as de antropologia cultural e de história social africana. Estas é que nos parecem indicar ter sido o Brasil beneficiado com um elemento melhor de colonização africana que outros países da América. Que os Estados Unidos, por exemplo.

Fique bem claro, para regalo dos arianistas, o fato de ter sido o Brasil menos atingido que os Estados Unidos pelo suposto mal da "raça inferior". Isto devido ao maior número de fula-fulos e semi-hamitas – falsos negros e, portanto, para todo bom arianista, de stock superior ao dos pretos autênticos – entre os emigrantes da África para as plantações e minas do Brasil. (Idem, pp. 349-350)

Freyre separa-se dos arianistas, mas enumera fatores que poderiam colocar essa posição em dúvida. Primeiramente engrandece a colonização brasileira por sua adaptabilidade e miscigenação. Os negros que chegavam ao Brasil não eram quaisquer negros, eram especiais, de nível superior. A superioridade era causada pela sua proveniência de lugares influenciados pela cultura e pelo sangue árabe. Os negros imigrantes eram superiores aos restantes da África mais distantes da cultura islâmica, portanto, menos civilizados. A glorificação, mediante sua localização geográfica, do contingente escravo que aqui chegava deixa bem claro uma valorização da brancura da pele e da proximidade aos valores conhecidos pelos europeus (como a valorização da escrita). Ora, por que os negros fula-fulos seriam melhores que os negros que eram levados para os EUA? Por sua pele clara, por sua cultura muçulmana? Se o Brasil foi abastecido com melhores contingentes de escravos que os EUA, superiores àqueles, a miscigenação que se deu aqui (e muito pouco lá) não poderia se justificar pela suposta igualdade entre as raças, mas pela qualidade superior dos escravos que, aqui chegando, seduziram os portugueses como as negras mina.

Foram essas Mina e as Fulas-africanas não só de pele mais clara, como mais próximas em cultura e "domesticação" dos brancos – as mulheres preferidas, em zonas como Minas Gerais, de colonização escoteira, para "amigas", "mancebas" e "caseiras" dos brancos. (Idem, p. 351)

Dessa maneira, prova-se a superioridade da colonização brasileira pela presença dos falsos negros, aqueles que não eram a "lama de gente preta" (o africano). Portanto, se, por um lado, Freyre critica o arianismo e toda a teoria da superioridade racial, por outro, ele valoriza o branqueamento da pele como símbolo de desenvolvimento cultural. Não fazendo referência direta a fatores raciais (não são todos os negros que são inferiores), Freyre separa os melhores negros (os de pele mais clara) dos piores negros (os de pele mais escura). Já se esboça assim toda a apologia do mulato e da mistura entre as raças para o embranquecimento redentor. Freyre desliza de um ponto a outro gerando novos mitos com o uso de velhos preconceitos.

A descrição que é feita do mundo social brasileiro mediante o intercurso constante entre a casa-grande e a senzala, centralizando sua leitura na ótica do senhor branco, na família, regras e valores brancos, por si só já constitui um fator de discriminação do negro, que é visto como aquele que deve se ajustar ou não a esse sistema preestabelecido. O ajustado é o mestiço, são os escravos domésticos que, ao se ligarem quer sexualmente (ou serem frutos de antigas ligações sexuais) quer pela proximidade, apegam-se aos valores brancos. O aceito é o falso negro.

Se a ótica branca é a matriz utilizada, o negro não pode deixar de ser exótico. A cultura do mestiço é a cultura da negação do negro.

A análise empreendida por Freyre não é menos racialista do que a apresentada por Couty. Sua insistência no caráter mestiço da população brasileira, se, por um lado, é um libelo anti-racista, por outro, é uma defesa do embranquecimento, uma apologia da mestiçagem. Neste sentido como não pensar que aqui, também, o negro é encarado como detentor dos fatores primitivos e o branco dos superiores?

Em *Casa-grande e senzala* o negro é o escravo doce, a mulata zombeteira, a ama-de-leite maternal, a negra masoquista, o moleque brincalhão, o preto velho que conta histórias, a curandeira que socorre com seus feitiços, a mucama que serve sexualmente o seu senhor. São escravos "patogênicos" não pela raça mas pela própria escravidão. A descrição da harmonia da relação entre senhores e escravos, da cumplicidade expressa na relação sadomasoquista entre eles é o "retrato do Brasil". Ao descrever a vida familiar, as festas, Freyre ressalta a bondade dos senhores que, de alegria libertavam escravos, presenteavam-nos.

> Muito menino brasileiro do tempo da escravidão foi criado inteiramente pelas mucamas. Raro o que não foi amamentado por negra. Que não aprendeu a falar mais com a escrava do que com o pai ou a mãe. Que não cresceu entre moleques. Brincando com moleques. Aprendendo safadezas com eles e com as negras da copa. E cedo perdendo a virgindade. Virgindade do corpo. Virgindade do espírito.
>
> (...) A casa-grande fazia subir da senzala para o serviço mais íntimo e delicado dos senhores uma série de indivíduos amas de criar, mucamas, irmãos de criação dos meninos brancos. Indivíduos cujo lugar na família ficava sendo não o de escravos mas o de pessoas de casa. Espécie de parentes pobres nas famílias européias.
>
> (...) Mas aceita de modo geral, como deletéria a influência da escravidão doméstica sobre a moral e o caráter do brasileiro da casa-grande, devemos atender às circunstâncias especialíssimas que entre nós modificaram ou atenuaram os males do sistema. Desde logo salientamos a doçura nas relações de senhores com escravos domésticos, talvez maior no Brasil do que em qualquer outra parte da América. (Idem, pp. 391-393)

A harmonia reinava nos engenhos e os negros eram desejados quanto mais abrasileirados fossem e menos "renitentes no seu africanismo" (idem, p. 394), ou seja, quanto menos se compreendessem como negros, quanto menos pretos fossem. Tudo se passa como se não houvesse luta, não houvesse revolta, não houvesse crime. A existência de quilombos não é explicada, a própria escravidão ganha caráter tão doce que é difícil imaginá-la hedionda e é difícil acreditar que os negros não a desejassem. Tudo é paz, tudo é harmonia, confraternização eterna entre os valores da senzala e os da casa-grande.

A inexistência do conflito é descrita sobreposta à total passividade do negro, quer em se rebelar quer em impedir a sua exploração sexual. Desta forma, reforça-se o mito da passividade e doçura do negro outrora apresentado paralelamente ao mito da inexistência histórica de conflitos raciais no Brasil.

As personagens descritas por Freyre estão desprovidas, aparentemente, da condição racial que as definiria como inferiores, mas isso não oculta o fato de elas ocuparem o lugar dos servidores. São aqueles que a casa-grande recebia para os serviços íntimos com doçura, ou aqueles que brandamente trabalhavam nos campos. Um vocabulário especial é utilizado para defini-los: são mucamas, moleques... Eles são "inventados" e o tom paternalista desta invenção recobre sua faceta violenta.

Ora, o que faz Gilberto Freyre? Ele coloca o negro em foco, ele rompe com o silêncio que recobria a questão racial, ele "denuncia" o racismo de outrora e inventa um novo racismo, como ele mesmo diz, apoiado em uma antropologia cultural. Ele inventa uma cultura da mestiçagem, uma apologia da mestiçagem, que pode ser valorizada ao se opor àquilo que é legitimamente negro. O que torna possível a aceitação desta cultura é o fato de ela redefinir o lugar de inferioridade social do negro (ele continua subalterno ao branco); por manter a dominação do branco sobre o negro por meio do paternalismo; por atribuir ao negro aspectos do primitivo; por ratificar (agora falsamente valorizado) todos os atributos já legados ao negro.

Ao recriar a história do negro no Brasil da forma como faz (o olhar da casa-grande em direção à senzala, do dominador em relação ao dominado), Gilberto Freyre contribui não só para a invenção de uma nova "identidade" para o negros, brancos e mestiços, como também para a configuração de toda uma identidade nacional baseada em uma falsa democracia.

É exatamente este o caráter da democracia racial brasileira: raça e cor não são abertamente mencionadas (é um assunto de alcova) desde que cada qual obedeça os limites estabelecidos pelo caráter de sua cultura, de sua origem étnica, de sua cor.

CONSIDERAÇÕES FINAIS

Michèle Duchet considera o ideário filosófico iluminista europocêntrico, que objetivava civilizar os selvagens, libertar os negros e proteger os índios com fins neocolonialistas, representando um interesse burguês. Entretanto, não se pode ignorar que as críticas feitas pelos pensadores da Ilustração ao colonialismo mercantilista e ao absolutismo serviram como espelho a várias revoluções e a vários movimentos emancipacionistas como a Inconfidência Mineira, a Conjuração Baiana, a Abolição da escravatura (para falarmos apenas do Brasil).

As obras de Diderot, Voltaire, Raynal, Montesquieu e outros iluministas eram presenças constantes entre os ilustrados nacionais que buscavam nelas inspiração para a luta contra o sistema colonial e importavam, desta forma, suas contradições e ambigüidades. O pensamento iluminista europeu, como quer Duchet, limitava-se ideologicamente, transformando em objetos de seu discurso e cultura aqueles que não compartilhassem do "modo europeu de ser". Os brasileiros "beberam" da mesma fonte.

Assim, no Brasil, podia-se lutar contra o escravismo em nome da igualdade de direitos e desprezar os negros alegando sua inferioridade biológica e cultural. Podia-se lutar pela emancipação nacional e limitar a participação popular. Podia-se, em nome de uma investigação legitimamente científica, separar os homens por ordem de perfeição definida por sua raça.

Sérgio Paulo Rouanet considera que:

A razão iluminista, que na origem criticava o existente e propunha projetos alternativos de vida, acabou se transformando exclusivamente na razão instrumental, cuja única função é a adequação técnica de meios a fins e é incapaz de transcender a ordem constituída. (1987, p. 206)

É esse exato movimento que tentei captar expondo as contradições geradas pelas investigações dos pensadores ilustrados utilizadas, posteriormente, para fundamentar um pensamento racial que foi repetido e refletido no Brasil da elite abolicionista e pós-abolicionista. Essas idéias foram as responsáveis por uma forma de representar os negros como objetos do discurso e da bondade dos brancos (intelectuais, políticos, "senhores"); uma forma de pensar o país como destituído de povo e repleto da mais baixa gentalha.

Podemos notar que em cada momento dos textos analisados surge a preocupação com a racionalidade, com a liberdade do pensar desprovida de preconceitos, do respeito às normas da livre investigação. Efetua-se nos textos o mesmo propósito que se deseja verificar atuando na sociedade. Mas, do mesmo modo que a razão instrumentalizada esbarra em seus limites e aporias, a sociedade também os encontra, surgindo os conflitos que vimos expostos. O Iluminismo gera, simultaneamente, o desejo pela igualdade e pela felicidade e a frustração por não alcançá-las.

Mas, como já disseram em outro lugar, as Luzes não são gigantescos holofotes capazes de atravessar séculos sem alteração, iluminando a todos, influenciando a todas as atitudes e pensamentos.

Os textos de José Bonifácio, Joaquim Nabuco, Louis Couty e Nina Rodrigues, se podem ser considerados tributários de algumas idéias desenvolvidas no século XVIII, são mais propriamente frutos do pensamento do XIX; são símbolos da conjunção entre liberalismo e evolução. Todos insistem em não reconhecer a integridade do negro (ele não é um homem pleno, não é um cidadão pleno, não possui uma cultura, é algo intermediário entre o homem e a natureza) e, preocupados com o destino e o progresso da nação, propõem políticas a serem adotadas especificamente para os negros, africanos e seus descendentes.

Pudemos perceber que, desde as idéias utilizadas para justificar a escravidão dos negros às utilizadas para demonstrar a inferioridade biológica dos povos africanos, os pensadores buscaram explicações teológicas, filosóficas e/ou científicas para legitimar a dominação e exploração.

Outro autor estudado, Gilberto Freyre, não se quer tributário nem do iluminismo, nem do liberalismo, tampouco do evolucionismo; sua leitura culturalista, antropológica da sociedade pretende inaugurar uma nova forma de pensar a formação do povo brasileiro. Vimos como para Freyre a mestiçagem se transforma em um valor.

Algumas considerações de Munanga são fundamentais para entender o que isso significa. O autor avalia que:

A análise da produção discursiva da elite intelectual brasileira do fim do século XIX ao meado deste, deixa claro que se desenvolveu um modelo racista universalista. Ele se caracteriza pela busca de assimilação dos membros dos grupos étnicos-raciais diferentes na "raça" e na cultura do segmento étnico dominante da sociedade. Esse modelo supõe a negação absoluta da diferença, ou seja, uma avaliação negativa de qualquer diferença e sugere no limite um ideal implícito de homogeneidade que deveria se realizar pela miscigenação e pela assimilação cultural. A mestiçagem tanto biológica quanto cultural teria entre outras conseqüências a destruição da identidade racial e étnica dos grupos dominados, ou seja, o etnocídio...

Por isso, a mestiçagem como etapa transitória no processo de branqueamento, constitui peça central da ideologia racial brasileira (...) a população negra no Brasil representa, do ponto de vista de elite "pensante", uma ameaça ao futuro da raça e da civilização brancas no país e que o processo de branqueamento ofereceria o melhor caminho para aplacar essa ameaça sem conflitos. (1999, p. 119)

Em outro momento, ele pondera que:

> A elite "pensante" do Brasil foi muito coerente com a ideologia dominante e o racismo vigente ao encaminhar o debate em torno da identidade nacional cujo elemento de mestiçagem ofereceria teoricamente o caminho. Se a unidade racial procurada não foi alcançada, como demonstra hoje a diversidade cromática, essa elite não deixa de recuperar essa unidade perdida recorrendo novamente à mestiçagem e ao sincretismo cultural. De fato, o que está por trás da expressão popularmente tantas vezes repetida: "no Brasil todo mundo é mestiço", senão a busca da unidade nacional racial e cultural? (Idem, p. 117)

Vimos, ao longo do texto, que essa imagem do Brasil só pôde ser construída a partir da edificação de uma imagem negativa para os negros. Simultaneamente, foi-se construindo um ideário de submissão e dominação pautados na idéia da inferioridade, no desejo do branqueamento ou da mestiçagem. E a imagem do negro foi privada, gradativamente, de todos os signos de beleza estética, moral, material.

Relembremos como os pintores do século XIX eram orientados a trabalhar as cores:

> Símbolo do mal e do falso, o negro não é uma cor, mas a negação de todas as nuances e daquilo que elas representam. Desta forma, o vermelho designará o amor divino; unido ao negro, ele será símbolo do amor infernal, do egoísmo, de raiva e de todas as paixões do homem degradado...
>
> O negro devia ser símbolo do erro, do nada, daquilo que não é (...) O negro é a negação da luz: foi atribuído ao autor de todo mal e de toda falsidade.[1]

---

[1] Este trecho foi extraído do livro *Des couleurs symboliques dans l'Antiquité, le Moyen Âge, et les temps modernes*, escrito por Frédéric Portal em 1837 e foi citado por Cohen (1980, p. 307).

A história e a história das idéias demonstram que houve lutas e contraposições a essas teorias. Mas a força do racismo está, justamente, em se apropriar dos argumentos usados pelos anti-racistas para contestá-los, transformando-os em novas teorias racistas. Sua força também se encontra na incorporação, por parte dos discriminados, da ideologia que ele apregoa. Por isso, verificamos que, mesmo no início do século XXI, ainda estamos às voltas com o racismo.

Contudo, iniciamos nossa análise com os iluministas, pela filosofia e pela forma como aí se alicerçaram elementos imprescindíveis para a elaboração do pensamento racialista posterior. Por isso, é fundamental considerar a filosofia como fonte rica para a investigação da constituição do ideário racial; como fonte de estudos desta ideologia que, segundo Munanga (1999):

> não só procurou inseminar fatores culturais capazes de dominar as heranças culturais dos grupos étnicos que ela englobou, como conseguiu suscitar em toda a população, por mais heterogênea que seja, o sentimento de um destino comum, com maior poder de mobilização que o de origem étnica particular. (p. 122)

Se à filosofia cabe questionar as ilusões presentes no senso comum, talvez seja fundamental recorrer a ela para desmontar as idéias que ela própria ajudou a engendrar e que permitiram inventar o ser negro como negatividade.

BIBLIOGRAFIA

ARANTES, P. O positivismo no Brasil. *Novos Estudos Cebrap*. São Paulo, n. 21, julho, 1988.

ARENDT, H. *As origens do totalitarismo*. São Paulo, Companhia das Letras, 1998.

ARISTÓTELES. *Constitution d'Athènes*. Paris, Société d'Édition "Les Belles Lettres", 1930.

_____. *Ética a Nicômaco*. São Paulo, Abril, 1973 (Col. "Os Pensadores").

_____. *Política*. Brasília, Ed. da UnB, 1985.

AUBENQUE, P. *Le problème de l'être chez Aristote*. Paris, PUF, 1966.

AZEVEDO, C. M. M. *Onda negra, medo branco*. Rio de Janeiro, Paz e Terra, 1987.

AZEVEDO, T. *Gilberto Freyre: sua ciência, sua filosofia, sua arte*. Rio de Janeiro, Livraria José Olympio, 1962.

BANTON, M. *A idéia de raça*. Lisboa, Edições 70, 1977.

BOBBIO, N. Quelques arguments contre le droit naturel. *Le droit naturel*. Paris, PUF, 1959.

CASSIRER, E. *A filosofia do Iluminismo*. São Paulo, Ed. da Unicamp, 1992.

CHALHOUB, S. *Trabalho, lar e botequim*. São Paulo, Brasiliense, 1986.

CHARLES, P. Les Noirs, fils de Cham le Maudit. In: *Nouvelle Revue Théologique*. Paris, Tournai – Établissements Casterman, S.A. – Éditeurs Pontificaux, 1928, tomo 55.

CHAUI, M. *Da realidade sem mistérios ao mistério do mundo*. São Paulo, Brasiliense, 1981 (mimeo).

_____. *Racismo e cultura*. Aula inaugural da Faculdade de Filosofia, Letras e Ciências Humanas da Universidade de São Paulo. São Paulo, 1993.

CHAUNU, P. *A civilização da Europa das Luzes*. Lisboa, Estampa, 1985, v. 1.

COHEN, W. *Français et africain*. Paris, Gallimard, 1980.

CONRAD, R. *Os últimos anos da escravatura no Brasil*. Rio de Janeiro, Civilização Brasileira, 1978.

CORRÊA, M. *As ilusões da liberdade: a escola de Nina Rodrigues e a antropologia no Brasil*. São Paulo, tese de doutorado. São Paulo, Faculdade de Filosofia Letras e Ciências Humanas, Universidade de São Paulo, 1982.

COSTA, E. V. *Da Monarquia à República: momentos decisivos*. São Paulo, Grijalbo, 1977.

COUTY, L. *L'esclavage au Brésil*. Paris, Librairie de Guillaumin et Cie. 1881.

_____. *O Brasil em 1884*. Rio de Janeiro, Fundação Casa de Rui Barbosa, 1984.

DAVIS, D. B. *The problem of slavery in western culture*. Londres, Pelican Books, 1970.

DIDEROT, D. *Textes choisis de l'Encyclopédie*. Paris, Éditions Sociales, 1962.

_____ et alii. *Encyclopédie ou dictionnaire raisoné des sciences, des arts e des métiers pour une société de gens de lettres.* Troisième Édition, Genève, A. Neufchatel, 1778-1779.

DUCHET, M. *Anthropologie et histoire au siècle des Lumières.* Paris, Maspero, 1971.

ENGERMAN, S. A propriedade sobre o homem. *Novos Estudos Cebrap.* São Paulo, n. 21, julho, 1988.

FLEW, A. *Hume's philosophy of belief.* London, Routledge & Kegan Paul, 1961.

FREYRE, G. *Casa-grande e senzala.* Brasília, Ed. da UnB, 1963.

GENOVESE, E. D. *O mundo dos senhores de escravos.* Rio de Janeiro, Paz e Terra, 1979.

HANKE, L. *Bartolomé de las Casas, pensador político, historiador, antropólogo.* Havana, Impresores Óscar Garcia S. A., 1949.

JOSÉ BONIFÁCIO. Representação à Assembléia Geral Constituinte e Legislativa do Império do Brasil sobre a escravatura. In: SOUSA, O. T. *O pensamento vivo de José Bonifácio.* São Paulo, Martins Fontes, 1965.

KELSEN, H. *Le droit naturel.* Paris, PUF, 1959.

MALHEIRO, A. M. P. *A escravidão no Brasil.* São Paulo, Edições Cultura, 1944, vols. 1 e 2.

MAUZI, R. *L'idée du bonheur au XVIIIe siècle.* Paris, Librairie Armand Colin, 1969.

MEDEIROS, M. A. A. *O elogio da dominação.* Rio de Janeiro, Achiamé, 1989.

MUNANGA, K. *Rediscutindo a mestiçagem no Brasil.* Petrópolis, Vozes, 1999.

NABUCO, J. *O abolicionismo.* São Paulo, Companhia Editora Nacional, 1938.

POLIAKOV, L. *O mito ariano.* São Paulo, Perspectiva, 1974.

POLIN. R. *La politique morale de John Locke.* Paris, PUF, 1960.

PRADO Jr., C. *História econômica do Brasil.* São Paulo, Brasiliense, 1972.

RODRIGUES, R. N. *As raças humanas e a responsabilidade penal no Brazil.* Rio de Janeiro, Ed. Guanabara, 1957.

ROSTAND, J. La conception de l'homme selon Helvétius et selon Diderot. *Revue d'Histoire des Sciences et de Leurs Applications.* Paris, PUF, Tomo IV, n. 3 e 4, 1951.

_____. Diderot et la biologie. *Revue d'Histoire des Sciences et de Leurs Applications.* Paris, PUF, Tomo V, 1952.

ROUANET, S. P. *As razões do Iluminismo.* São Paulo, Companhia da Letras, 1987.

SANTOS, L. A. E Pernambuco falou para o mundo. *Novos Estudos Cebrap.* São Paulo, n. 16, setembro, 1987.

SCHWARCZ, L. M. *Retrato em branco e negro.* São Paulo, Companhia das Letras, 1987.

_____. *O espetáculo das raças.* São Paulo, Companhia das Letras, 1993.

SEPÚLVEDA, J. G. de. *Tratado sobre las justas causas de la guerra contra los índios.* México, Fondo de Cultura Economico, 1941.

SILVA, D. Revisitando a "democracia racial": raça e identidade nacional no pensamento brasileiro. *Estudos Afro-Asiáticos. Cadernos Cândido Mendes,* n. 16, Rio de Janeiro, 1989.

SOARES, A. J. M. *Campanha jurídica pela libertação dos escravos.* Rio de Janeiro, José Olympio, 1938.

SOUZA, O. T. *O pensamento vivo de José Bonifácio.* São Paulo, Martins Fontes, 1965.

SPITZER, L. Os dois mundos de André Rebouças, Cornelius May e Stephans Zweig. *Estudos Afro-Asiáticos. Cadernos Cândido Mendes*, n. 3, Rio de Janeiro, 1980.

THOMAS, J. *L'humanisme de Diderot.* Paris, Société d'Édition "Les Belles Lettres", 1938.

TODOROV, T. *Nous et les autres.* Paris, Seuil, 1989.

TUCK, R. *Natural rights theories.* New York, Cambrigde University Press, 1979.

VAINER, C. Estado e raça no Brasil. Notas exploratórias. *Estudos Afro-Asiáticos. Cadernos Cândido Mendes*, n. 18, Rio de Janeiro, 1990.

VENDRAME, C. *A escravidão na Bíblia.* São Paulo, Ática, 1981.

VOLTAIRE. *Dicionário filosófico.* São Paulo, Abril, 1978a (Col. "Os Pensadores").

_____. *Tratado de metafísica.* São Paulo, Abril, 1978b (Col. "Os Pensadores").

Este livro foi composto nas tipologias Footlight MT Light, corpo 11, entrelinha 14,6 para o texto e Humanist521 BT, corpo 13, entrelinha 16,8 para os títulos. Para a impressão de capa foi utilizado o Cartão Supremo 250g/m² e para o miolo o Offset 70g/m².

Este livro foi impresso em 2011
Repro India Ltd.
www.reproindialtd.com